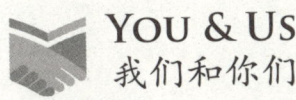

YOU & US
我们和你们

中国和芬兰的故事

主　编　马克卿
副主编　倪晓京

五洲传播出版社

图书在版编目（CIP）数据

中国和芬兰的故事 / 马克卿主编；倪晓京副主编 . -- 北京：五洲传播出版社，2021.8
（我们和你们）
ISBN 978-7-5085-4811-1

Ⅰ . ①中… Ⅱ . ①马… ②倪… Ⅲ . ①中外关系－友好往来－芬兰 Ⅳ . ① D822.253.1

中国版本图书馆 CIP 数据核字 (2022) 第 016402 号

中国和芬兰的故事

主　　编：马克卿
副 主 编：倪晓京
译　　者：李　颖
出 版 人：关　宏
责任编辑：秦慧敏
装帧设计：正视文化
出版发行：五洲传播出版社
地　　址：北京市海淀区北三环中路 31 号生产力大楼 B 座 6 层
邮　　编：100088
发行电话：010-82005927，010-82007837
网　　址：www.cicc.org.cn www.thatsbooks.com
承　　印：北京圣彩虹科技有限公司
版　　次：2022 年 1 月第 1 版第 1 次印刷
开　　本：787×1092mm 1/16
印　　张：14
字　　数：200 千字
定　　价：56.00 元

志同相知无远近 道合万里尚为邻

——《中国和芬兰的故事》序

芬兰是最早同新中国建交的西方国家之一。1950 年 1 月 13 日，芬兰承认中华人民共和国，同年 10 月 28 日与新中国建交，中芬关系开启新的历史篇章。建交初期，两国关系就创下多个"第一"。1952 年，新中国派代表团参加赫尔辛基奥运会，五星红旗第一次在奥林匹克赛场上升起。1953 年，时任芬兰总理吉科宁的夫人率首个文化代表团访华。同年，中芬签订首个新中国与西方国家之间的政府间贸易协定。

70 年来，在双方共同努力下，中芬关系取得长足发展，友好合作一直是两国关系的主流。2016 年，我有幸出任驻芬兰大使。4 年来，我走访了芬兰大部分地区，迎来送往上百个互访团组，切身感受到两国人民之间的友好情谊，见证了中芬关系的很多"高光时刻"。习近平主席和尼尼斯托总统在不到两年时间里实现互访，引领两国建立面向未来的新型合作伙伴关系。中国连续 16 年成为芬兰在亚洲最大的贸易伙伴。两国间的直飞航线覆盖 8 个中国城市，两条中欧班列开通运营，芬兰成为中欧互联互通距离最近、用时最短的交通港之一。"欢乐春节"文化庙会在赫尔辛基已举办14届，每年中国农历大年三十这天，数万芬兰人全家出动，与中国人一起逛庙会、看春晚、赏焰火、迎新年，"中国红"成为赫尔辛基冬夜一抹最温暖的色彩。大熊猫"金宝宝"和"华豹"在芬兰艾赫泰里安家，有了美丽的芬兰名字Lumi（白雪）和Pyry（大雪纷飞），成了中芬两国人民共同的宝贝。"2019中芬冬季运动年"作为首次中国与外国举办的体育主题交流年，续写了两国自赫尔辛基奥运会以来的体育奥运合作佳话。

今年年初以来，新冠肺炎疫情在全球蔓延，给各国安全和发展带来重大挑战。面对世界形势的复杂剧烈变化，中芬关系在这场疫情中经受住了考验。疫情期间，双方各层级保持密切沟通。习近平主席和尼尼斯托总统通过电话、信函等方式，相互表达支持。芬方尽心救治在芬确诊的中国公民，中方卫生部门、地方、企业等通过各种方式与芬方交流防控经验，分享诊疗方案，尽力帮助芬方解决抗疫物资短缺等实际困难。双方正在用实际行动庆祝建交70周年。

相知无远近，万里尚为邻。中芬70年友好交往历程表明，即使相距遥远、国情有别，但只要本着相互尊重、平等相待、求同存异的精神，就能在风云变幻的国际局势中始终保持两国关系发展的正确方向，为两国人民带来更多福祉。中芬之间的交往有太多精彩故事，本书选取了20余个有代表性的片段，从不同视角描绘出一幅中芬友谊的美丽画卷。我衷心期待读者朋友看后对中芬关系有更加感性的认识，在各自领域为两国关系不断发展贡献力量，书写更多中国和芬兰的美好故事。

陈立

中华人民共和国驻芬兰共和国特命全权大使

2020年8月于赫尔辛基

合作致远
——纪念中芬建交 70 周年

北京的秋季美不胜收。今年，值此秀丽时节，我们又会回想起 70 年前，即 1950 年 10 月 28 日，芬兰与中国建立外交关系的那个秋天。芬兰在那年的 1 月就已承认了中华人民共和国。在建交方面，我们位列西方国家中的第一梯队。

在那之后的几十年里，中国和芬兰书写各自的发展故事，分别取得了重大的成就。中国在经济和政治领域都跃居大国的行列；芬兰成了现代化的西方福利国家，以高技术和教育水平而闻名于中国。芬兰的成长方式也为我们赢得了"世界最幸福国家"的美誉。这段发展历程为双方日后开展互动打下了坚实的基础。

在 2020 年这个里程碑式的年份里，我们可以宣告：芬兰与中国的双边关系十分良好，以互利互惠、令人满意的方式不断发展。我们珍视两国间的友谊，并且希望能够继续开展合作。芬中两国之间差异很大，然而两国关系的稳固之处正在于很多方面我们能够互补。

我们两国间的互动十分活跃。2017 年，习近平主席对芬兰进行国事访问期间，两国达成了新型合作伙伴关系，这是为加强双边关系而迈出的重要一步。以 2019 年 1 月尼尼斯托总统对中国的国事访问为契机，两国又公布了关于在 2019 年至 2023 年间推进中芬面向未来的新型合作伙伴关系的工作计划。中国与芬兰的双边伙伴关系很好地充实了欧盟与中国的全面战略伙伴关系。

商务和经济方面的合作在中芬关系当中一直有着重要意义。早在 1953 年，芬兰就成了第一个同中国签订双边贸易协定的西方国家。如今的经贸合作已远远不止是商品交易，而是包括了服务贸易、投资、科研、发展以及教育等许多方面。今天，有将近 400 家芬兰公司在中国安家落户。经济方面的合作基于两国间紧密的交通联系。除了传统的海上航路之外，还建立了高效的航空和铁路运输系统。两国间开通直飞航线已逾 30 年，2017 年还开通了直达的铁路货运路线。

芬兰和中国都非常重视环境问题，愿意在应对气候变化等方面承担起国际责任。两国也都意识到，这要求在经济方面把生产转移到越来越可持续的基础上来。我相信，这一观点将会在两国的经济合作中凸显出来。我们在这一方面的互补性也很强。例如，芬兰在生物经济、循环经济、清洁能源和数字化等领域的技术出色地满足了中国的需求。

一个两国之间新型宽领域合作的例子是在体育方面。尼尼斯托总统和习近平主席共同决定将 2019 年作为"中芬冬季运动年"。即将到来的 2022 年北京冬奥会将成为一个强劲的推动力。而中国与此同时也制定了发展 3 亿冬季运动爱好者的目标。两国此前都没有组织过类似主题年的经验，但如今回头看去，可以说这一年的成果超过了最初所有的预期。事实证明，这是积极发展两国关系的一个新颖而有效的方式。它带来了一个全新的合作维度。当奥运的圣火从北京继续传递下去之后，其意义仍然会久久地显现出来。

中国与芬兰将在全球抗击新冠肺炎疫情的形势下迎接建立外交关系70 周年，在两国国内共同举办纪念活动的机会都相当有限。因此，这本书的纪念意义非同寻常。我想感谢所有参与撰写的作者们，感谢他们愿意与我们分享这些经历和回忆。

肃海岚

芬兰共和国驻华大使

2020 年 10 月于北京

目 录

回忆篇

人文篇

合作篇

回忆篇

鸿爪遗踪

——出使千湖之国芬兰

陈辛仁（中国首任驻芬兰大使）

芬兰于 1950 年 10 月 28 日与中华人民共和国建立了外交关系，双方互设公使馆。中国首任驻瑞典大使耿飚兼驻芬兰公使。1954 年 9 月 3 日，中芬两国同意将公使级外交代表升格为大使级外交代表。

1954 年 9 月的一天，我在中共江苏省委书记处任上，忽然接到指示，要我立即到外交部报到，出任我国驻芬兰特命全权大使，携夫人同行。

根据外交部领导的指示，我们要在极短的时间里做好出国赴任的准备工作：阅读有关驻在国情况的文件、了解赴任时的一些外交礼宾事宜、会见驻在国驻华使节、制装等等。

出国前，外交部通知我们，周恩来总理要同我们几位即将赴任的大使谈话。周总理刚参加了日内瓦国际会议回国不久，百忙中抽出时间，在一个晚上会见了我们。周总理在谈到我国的对外政策时说，为了恢复和发展我国的经济、文化建设，我们需要有一个和平的国际环境。我们主张在和平共处五项原则的基础上和一切国家建立正常的外交关系，发展贸易和文化交流。我们不想威胁任何人，但我们也不能容忍别人对我们进行威胁和侵略。

周总理谈到争取中间立场国家和中立国家的重要性。总理说，西欧、北欧都有公开宣布奉行中立政策的国家，亚洲、非洲也有在实际行动上不参加两个对立阵营的国家，对它们都应增进了解，促进合作，为国际紧张局势的缓和和世界和平作出贡献。北欧的瑞典、芬兰都奉行中立的外交政策，这些国家对我们是友好的，我们要支持他们坚持中立的政策，和中立国家交朋友，要争取团结国际上的中间力量，越多越好。周总理还对外交工作和外交人员提出了要求。周总理的谈话，给了我们很明确的指点，也给了我们莫大的鼓舞。

我和夫人晓植于 10 月 27 日从北京动身，乘苏制伊尔 –18 飞机启程。芬兰驻华公使孙士敦、外交部西欧司领导黄华等赴机场送行。伊尔 –18 飞机只能作短途飞行。飞机飞到蒙古乌兰巴托机场停下来上乘客，旅客吃饭，到伊尔库斯克又停下来住一宿，第二天才飞经奥姆斯克到达莫斯科。

我们于 10 月 29 日乘飞机到达芬兰首都赫尔辛基。芬兰外交部礼宾司司长、苏联和东欧驻芬兰的使节、我国使馆临时代办和外交官都前往机场迎接。我在候机室和这些官员及几位记者简短谈话后，便回到位于库洛萨里岛的中国大使馆，同全馆人员见面。

10 月 30 日，我到芬兰外交部拜会礼宾司司长，又拜会了外交部部长维洛莱宁。这位外长是我几十年外交生涯中遇到过的唯一一位滴酒不沾的外交部部长。除了见面的友好谈话外，我请他安排呈递国书的时间。礼宾司司长还说他夫人要来拜会晓植，我说还是约定时间，让晓植先去拜会他夫人吧，司长很高兴。

11 月 4 日，芬兰外交部礼宾司司长到中国大使馆来，陪同我携全馆外交官到总统府，向巴锡基维总统呈递国书。巴锡基维是芬兰著名的政治家、外交家，1920 年曾任芬兰代表团团长，和苏俄谈判并签订了苏俄芬兰和平条约；1940 年前后参加有关芬苏谈判和芬苏条约的签订，结束了 1939 年以来的芬苏战争。巴锡基维之后担任过总理、总统等最高职务。我到任那年，他已是 84 岁高龄。我递交了由毛泽东主席和周恩来总理签署的国书，并宣读了颂词。颂词中说，"中华人民共和国政府始终不渝地坚持国际和平和友好合作的政策，并愿意在互相尊重领土主权、互不侵犯、互不干涉内政、平等互利、和平共处五项原则的基础上，与世界上一切国家建立并发展友好合作关系。"

巴锡基维总统表示欢迎两国外交级别升格后首任中国大使的到来，很赞赏新中国对缓和世界紧张局势所作的努力和和平共处的外交政策。然后，他谈了对中国的兴趣，以及读过的有关中国的书等等。他还谈到芬兰奉行和平中立政策，谈到芬苏友好合作关系，表示愿和新中国发展和平友好关系。我表示，愿意在我的任期内尽力为促进中芬友好合作而努力。

次日，我又拜会了芬兰总理吉科宁。他是一位热情而平易近人的政治家。1956 年，他继巴锡基维当选为芬兰总统。吉科宁夫人曾于 1953 年率领芬兰文化代表团访问中国，开拓了中芬友好和相互理解的高层渠道。吉科宁总理亟盼发展中芬两国的经济、文化来往。

1953 年芬兰文化代表团访华时在鲁迅纪念馆前合影。

在我国执行和平共处五项原则、支持芬兰和平中立政策的方针下，中芬关系在那几年都本着互相尊重、互相支持、鼓励往来的原则而正常友好地发展。

早在 1952 年赫尔辛基奥运会举办期间，芬兰作为东道国就积极支持我国体育代表团参加。芬兰是 1956 年加入联合国的，从那时起，芬兰每年都在联合国投票支持中华人民共和国恢复在联合国的合法席位。

1956 年 6 月，我们邀请芬兰议会代表团访华。代表团由农民党议长苏克西莱宁率领，包括芬兰 6 个政党的议员代表在内，受到毛泽东主席、刘少奇委员长、周恩来总理亲自会见。芬兰议会代表团回国后，发表了不少对中国友好的报告或报道。如联合党议员图尔奈做了 20 多次报告；另一位联合党议员维尔达宁发表了访华纪事，赞扬新中国的宗教政策；芬兰人民党议员卡尔维柯发表文章，批评美国对华政策中的错误；芬兰瑞典人民党议员梅纳德建议中国人大代表团于次年访芬。后来，我全国人大常委会副委员长赛福鼎率团回访了芬兰。

周总理既是中国外交方针路线的制定者，又是对外交往中最广泛、最完善的实践者。在我的芬兰任期内，他除了会见过芬兰文化代表团、经济界人士外，还会见过芬兰合作社代表团、新闻工作者代表团、议会代表团等。乌尔霍·凯赫宁是芬兰议会大委员会主席，是农民党党员，他参加过芬兰文化代表团访华，但他主要考察的是中国的农业情况。他回国后写了一封给周总理的信，交由我使馆转达。信中写道：

"作为一个芬兰农业家和芬兰农民党的一员，我对中国农业问题是极感兴趣的。虽然在农业政策、特别是土地所有权方面，中华人民共和国选择了与我们不同的道路，但它选择的绝对是对的，而且是符合中国的条件的，这是中国增加农业生产、消除封建制度所带来的严重灾害的最好捷径。

在我们的访问中，我也能看到（中国）对工业发展、特别是对重工业发展所给予的多么巨大的注意，这无疑是运转一国经济的动力。可是我冒昧地提请阁下注意，工业发展常常会成为唯一的目的，而使其他行业，特别是农业，由于'陶醉于工业'而被遗忘了。在西方国家，几乎毫无例外地发生了这样的情况。"

这封信是 1955 年 12 月写的，我们转送到国内，并建议由使馆约见凯赫宁表示感谢，总理太忙，就不必复信了。可是总理看到凯赫宁的信后，除同意我们继续与他接触外，还特地在 1956 年 4 月复信给凯赫宁。信中感谢他为增进中芬两国友好合作而作的努力，并答复说，"您以农业专家的身份，特别研究了中国农业发展计划，对中国在农业方面的改革给予很高的评价，这自然使中国人民感到荣幸。""您关切地提到中国工业与农业发展的前景问题，我国在社会主义建设中经常注意着工业和农业按比例发展的原则。"

凯赫宁后来担任芬中协会主席，多次来中国访问考察。我也曾到他在农村的家园参观过。

在友好往来方面，那几年，除芬兰议会代表团外，芬兰青年代表团、工会代表团、音乐家、艺术史专家、美术家、芬奥委会主席等都先后访华。芬兰著名作曲家西贝柳斯驰名世界，我在任时，他已是 90 多岁的高龄。他去世时，我作为中国大使参加了他的葬礼。西贝柳斯在世时，我们曾邀请芬兰著名指挥家西米拉到上海演奏西贝柳斯的作品。芬兰驻华大使孙士敦建议上海指挥家黄贻钧同台指挥演奏西贝柳斯的作品。当时在上海的陈毅市长为庆祝这场音乐会的成功举办了招待会。后来芬兰邀请黄贻钧回访，在赫尔辛基指挥演奏中芬两国的乐曲并获得成功。

中国访问芬兰的各界代表团有：全国人大、合作社、医学、新闻、湖沼生物专家、测量专家、森林专家、音乐家、电影艺术家、国画家等。由楚图南率领的中国古典歌舞团访芬时，演出《三岔口》《水漫金山》

1955 年 9 月，由楚图南率领的中国古典歌舞团访问芬兰，在中国驻芬使馆与陈辛仁大使和使馆人员合影。

《大闹天宫》等优秀节目，受到好评。巴锡基维总统夫人和吉科宁总理观看后会见了代表团正副团长。芬兰森林多，造纸业处于世界领先地位，我国引进了一些先进的造纸设备，也进口了芬兰的货轮、挖泥船、锅炉、油轮、铜矿石等。芬兰也从我国进口一些农产品、轻工业品、工艺品及食品、矿产品等。

1955 年 6 月，世界和平大会在芬兰举行，我国著名作家、政治家、全国人大常委会副委员长、世界和平理事会副主席郭沫若率团出席。代表团中还有茅盾、陈叔通、邵力子等知名人士。芬兰总理吉科宁单独宴请了中国和民主德国的代表团正副团长和两国大使，进行了友好的谈话。郭沫若在世界和平大会上作了《为消除新战争的威胁而奋斗》的演说。郭老一行还到我们使馆做客，为使馆挥毫作书，写了一幅毛主席的诗词

1955 年 9 月，中国京剧团首次访芬，
图为芬兰少年儿童向演员热情献花。

《六盘山》和一幅他到赫尔辛基后新作的五言律诗。诗云："信是千湖
国，港湾分外多。森林疑岭立，岛屿似星罗。中夏逢佳节，和平发浩歌。
良城真不夜，舞影看婆娑。"

我回忆起在芬兰的这段外交生涯时，常常会想起一位芬兰朋友——
芬兰驻中国大使孙士敦先生。1953 年孙士敦来北京，出任第二任驻华
公使。在我离京去芬兰就职前，他在日坛公园附近的使馆官邸设晚宴
为我们饯行。他是一位精明、沉着、有远见的外交家和政治家。在以后
几年的交往中，他竟成为我终生难忘的外交界的朋友。孙士敦先生是
1902 年出生的，当过牙医、赫尔辛基市议员、赫尔辛基市政府委员、

芬兰国会议员。二战后初期任芬兰驻苏联特命全权公使，兼驻罗马尼亚特命全权公使。他还担任过芬兰出席巴黎和平会议代表团的顾问。1954年9月，中芬两国将外交级别升格为大使级后，孙士敦成为芬兰首任驻中国特命全权大使。

1955年1月28日，孙士敦大使在中南海向中华人民共和国主席毛泽东呈递国书。毛主席接受国书后，就招呼孙士敦大使坐下饮茶。在一般寒暄后，毛主席提到中国和芬兰是友好国家，两国的关系是建立在和平共处五项原则基础之上的。毛主席还谈到，自鸦片战争以来，帝国主义国家对中国进行侵略，特别谴责了美国的好战分子对朝、中两国的侵略行动。毛主席指出，美国的原子弹讹诈，改变不了帝国主义是纸老虎的本质，吓不倒中国人民。孙士敦大使后来与我谈起这次会见时，对毛主席表示了最崇高的敬意。

1958年孙士敦大使身患绝症，我陪同陈毅副总理兼外长去协和医院探望他。这是我最后一次和他的见面。这以前，他凡是回到芬兰，总要到中国使馆和我聊聊。我回国也总要去看望他。他曾在颐和园饭庄宴请我，也曾在芬兰国庆日宴请周总理、陈毅副总理时，邀请我作陪。

1958年7月的一天，陈毅副总理应约会见孙士敦大使。孙刚从芬兰回到北京，他告诉陈副总理，他的政府可能要调换他的工作岗位，但他身体有病，需要几个月的治疗才能复原。他告诉陈副总理，他是专门回来找中国医生的。这次谈话后，孙士敦大使即在协和医院住院检查和治疗。

8月的一天，芬兰驻华使馆的一秘约见我外交部西欧司司长黄华时，谈到孙士敦大使已卧床十几天，身体不太好。黄华问芬兰一秘，"大使知不知道自己病情的严重性？"一秘答，"他不知道。"其实，当过医生（虽然是牙医）的孙士敦应该是知道他病情的严重性的。过了几天，西欧司通知我，陈副总理要到医院看望孙士敦大使，要我陪同去。

1958 年，芬兰在中国举办艺术展。

　　我随同陈副总理到协和医院后，主治大夫简要介绍了孙士敦检查出癌症的情况，随后领我们到他的病房。孙士敦已卧床不起，人也开始消瘦。他终身是一个独身者，除医生、看护外，没有专门照顾的人。他微笑着与陈副总理和我握手。我感到他的手指还是很有力的。陈副总理安慰他说，他的病是可以治好的，望他安心治疗，早日恢复健康，孙士敦微笑着点点头，并从旁边桌子上拿了一本法文书籍，递给陈副总理说，"我要送你的就是这本书，这里面写到你。"陈副总理接过书并道谢。原来早在 5 月，陈副总理在北京饭店和孙士敦大使谈话时，孙就告诉过陈副总理，"有一位法国将军写了一本书，其中在许多地方提到陈将军，我将找来给你看看。"陈副总理谈了一会儿后，和主治大夫出去了。这时只有我在孙士敦病床旁，他用有些悲凉的声音对我说，"我的病治不好了……我还年轻……"是的，那一年他才 56 岁。我明白他从治疗方法上已完全知道自己的病情了，但我只能安慰他说，"病一定可以治好的。"陈副总理又回到病房，同孙士敦大使道别，我也同他道别后随陈副总理出来。大夫说，芬兰大使的病，治好或治不好，只能说各有一半的可能性。医院的进口药不多，大夫要求外交部速电香港购些送来。我回到外交部报告了部、司领导，他们都同意按医院所开药名速电香港采购一些急送北京。

但不多久，芬兰使馆就和医院及外交部商定，孙士敦大使乘我国专机直接到瑞典斯德哥尔摩医院进行治疗。我没有机会再见到孙士敦大使，但很快就知道他到斯德哥尔摩医院不久就去世了。孙士敦的遗嘱是把他在北京芬兰使馆的家具和摆设等，捐赠给他的国家，留在驻华使馆使用。

1958 年 10 月，外交部电召我回国另行分配工作。我按外交惯例，于 10 月 29 日向芬兰总统吉科宁辞行。总统按惯例授予我"狮子骑士团大十字勋章"，这是对我在任期内促进中芬关系的表彰。

（注：原文载于《鸿爪遗踪》，江苏人民出版社 1995 年 12 月版，选入本书时有删改。）

友谊之树常青

乔宗淮（中国前驻芬兰大使、外交部前副部长）

  芬兰是中华人民共和国成立初期同我国建立正式外交关系的第 11 个国家。建交 70 年以来，在平等互利、相互尊重的基础上，两国友好合作关系一直稳步发展，树立了不同社会制度国家、大国和小国和平共处的范例。

中国驻芬兰大使乔宗淮（前排左一）向芬兰总统科伊维斯托（前排左二）呈递国书。

芬兰总统接见中国国家科委副主任邓楠。右二为乔宗淮大使。

从1991年下半年我被任命为中华人民共和国驻芬兰共和国的大使，到1993年下半年离任，我在芬兰度过了两年时间。茫茫雪原，一望无际的森林，星罗棋布的湖泊，芬兰美丽的原生态自然环境让我难以忘怀。芬兰人民诚实守信、恪守成规、友善待人，给我留下深刻印象。

20世纪80年代末90年代初，东欧剧变、苏联解体，世界格局发生重大变化，西方国家对中国实施"制裁"，致使中国同西方国家的关系陷于困难之中。在欧洲，只有芬兰仍旧同我国保持了正常的政治、经济和人员往来，芬兰–中国友好协会也在困难的形势下坚持下来。应该说，中芬两国关系经受住了国际风云变幻的考验。

在我担任大使期间，两国高层互访不断。1992年7月，李鹏总理在巴西里约热内卢出席联合国环境与发展大会后，回国途中顺访芬兰。

1991 年，中国驻芬兰大使乔宗淮（后排左一）陪同中国国务院副总理朱镕基（前排左一）在芬兰出席欢迎宴会。

芬兰方面高度重视，安排了同总统科伊维斯托的会见，同总理阿霍的会谈，同议长苏奥米宁的会见，并举行了隆重的欢迎宴会，日程安排和接待规格与正式访问完全一样。访问气氛友好融洽，促进了两国的友好合作。1992 年，朱镕基副总理、田纪云副总理先后访问芬兰。这些访问恰逢 1992 年邓小平同志发表了南方谈话，中国改革开放进入新的阶段，为中芬经济合作提供了契机。芬兰人口只有五百多万，经济体量并不大，但芬兰不乏像诺基亚这样的全球知名高科技企业，造纸和森林工业在世界上名列前茅。通过这些高层访问，中芬双方抓住了中国扩大开放的先机，两国经济贸易合作得到了大踏步的发展，达到了历史上的高峰。

中芬相距万里之遥，两国社会制度不同，一个是先进的工业化小国，另一个是发展中大国。尽管两国国情存在不小的差异，我在芬兰工作期间广泛接触各界人士时，仍深切感受到芬兰人民对了解中国抱有浓厚兴趣，对发展两国友好交往和合作充满热情。

芬兰人民这种友好情谊反映在我同芬兰外交部官员建立的密切合作关系上。当时的芬兰驻华大使满撒拉，是一位善于雄辩、充满活力的大使。在他的主动提议下，我们约定，当我们同时在芬兰或中国时，我们安排会晤，介绍各自使馆工作情况，探讨合作交流事宜。这一"机制"加深了双方工作层的相互理解，也有助于双方配合解决工作中遇到的问题。在与满撒拉大使的交往过程中，我感受到他的真诚、认真、善意。我曾经在几个国家担任过大使，遇到不少经验丰富的外交官，他是令我难忘的出色外交官之一。接替满撒拉大使的是芬兰外交部负责国际合作的副国务秘书李斯蒙，他在上任前几个月接到任命通知。他告诉我，他一直到赴任前才脱离外交部工作。为了了解中国，他利用业余时间，阅读了设法在书店、图书馆找到的 20 多本有关中国的书籍，并且开始学汉语，做足了准备工夫，满腔热情地投入驻华大使的工作。

芬兰是西方国家，在政治上、意识形态上同我们存在着分歧。我在任时，曾经处理过几起两国有关人权问题的争议。芬兰方面没有像当时其他西方国家一样，采取激化矛盾的方式，而是尽量采取缓和的方式处置矛盾，同中方通过对话沟通缩小分歧，求同存异。这一点给我留下深刻印象。

芬兰积极参加国际活动，尤其是注重在联合国系统内发挥作用。20 世纪 90 年代初，联合国开发计划署启动了图们江流域开发规划。芬兰积极参与有关工作并捐款 200 万美元，作为可行性研究的费用。我曾询问过芬兰外交部的同事，芬兰与图们江地区远隔 8000 公里，为什么会对这项规划感兴趣？芬兰的同事半开玩笑地告诉我，芬兰地处世界版图的边缘，要为国际社会作贡献，就要选择参与那些大国不一定关注而

乔宗淮大使夫妇到芬兰东部访问。　　　乔宗淮大使夫妇在芬兰朋友家做客。

芬兰力所能及的事情去做。图们江流域的国家都是芬兰的友好国家，芬兰认为图们江流域的开发有益于地区的和平和发展，值得支持。

芬兰一贯奉行军事不结盟的政策，致力于世界和平事业，在联合国维和工作的初创和发展时期发挥了重要作用。90 年代初期，我国参与联合国维和行动刚刚起步，中芬两国军队就维和工作进行了充分的交流，芬方向中方无保留地介绍芬方积累的宝贵经验，进一步夯实了两军友好往来的基础。

将近 30 年过去了，我时常回顾在芬兰愉快的经历。3 年前，我作为旅游者重返赫尔辛基。我高兴地看到，30 年来，世界发生了深刻变化，在全球化浪潮推动下，中芬两国人民往来更加密切，两国的交流与合作更加深入、更加全面。对于未来我充满信心，中芬两个热爱和平的国家必定会携手为国际社会作出新的贡献。祝愿中芬友谊之树常青。

关于中国的回忆

拜伊维·利波宁（哲学博士、芬兰议会前议员）

2003 年，我站在天安门广场上。规模宏大的广场上有两三个民警在巡逻，还有我们这些西方人和几个中国游客，他们的着装像是来自山区。风吹过空旷的广场。在广场的外围，人民大会堂、故宫、国家博物馆和毛主席纪念堂赫然可见。还有一个中国男子想与我的女性朋友一起合影。

2009 年，我在上海与中国最具影响力的智囊团主席共进早餐。他介绍了中国是如何发展的。一批有购买力、能在国内旅游的中产阶级正在兴起。

2011 年，我参观了国家博物馆。我很惊讶，因为天安门广场挤满了中国游客。在博物馆开馆前半小时，广场上弯弯曲曲地排起了多列长队。当数千名排队者在 20 分钟内就全部进入了博物馆时，我愈发感到惊讶了。

我了解到，在中国，会就事情作出决策并付诸行动。

2003 年至 2015 年，我因私或出差共去了中国 13 次。我在这些旅途中，既想看一看中国，也希望能够学着了解这个国家。我得以作为一名历史学者，同时也根据工作任务作为总理夫人、议长夫人、国会议员、未来委员会主席或者芬兰议会中国友好小组主席的身份去体验中国。我的这些身份为我打开了可以观察中国的人民代表大会、大学、研究机构、智库、工业设施、学校和医院的窗口。

2003 年，应通力公司董事长安蒂·赫林的邀请，我作为总理夫人带领芬兰工业和文化代表团第一次访问了中国。通力、芬欧汇川、诺基亚和美卓公司在北京、上海和广州为他们的中国客户安排了会谈、晚宴和音乐会。指挥家朱卡－佩卡·萨拉斯特（Jukka-Pekka Saraste）指挥了芬兰室内交响乐团，我们的独奏演员是钢琴家奥利·穆斯顿（Olli Mustonen）。这次巡演非常成功，并在几年后再次成行。那时，我丈夫带领着工业代表团，我领着文化代表团。芬兰室内交响乐团的独奏是莉莉·帕斯基维（Lilli Paasikivi），指挥还是朱卡－佩卡·萨拉斯特。

那时，我理解了中国独特的历史和文化宝藏之丰富。我觉得我来到历史的源头、真实的场景。历史就在身边。在北京市中心，人们住在胡同里，上海也是如此。在上海的外滩大道上，我们看到将江水一分为二的几乎未开发的岛屿，那里矗立着闪闪发光的东方明珠塔。我听说那里将为数百万人建造住房。

中国确实正在改变。我原以为会看到街上挤满了自行车，但看到的却是多车道马路上拥堵的许多汽车。当我们开车过了路口时，车掉个头就花了半个小时。最令我惊讶的是，人们在芬兰对中国发生的变化知之甚少。新闻报道总是在强化中国先前的贫穷落后国家的形象，在这个国家里，一个农民用老鼠药毒死他的邻居。我想大喝一声：醒醒吧！现在是我们与中国建立联系的难得时机。

这些年里，欧洲真的低估了中国的能力。我和我丈夫在访华期间参观珠江钢琴厂时，我们得知他们想聘请一位德国老师来指导钢琴的制作有多么的难。有钱也无济于事。许多德国人都拒绝了，他们的理由是中国人学不会制造如此复杂的乐器。我注意到讲述者在讲述这段被外国人蔑视的回忆时，下巴都绷紧了。我告诉接待的主人，我现在就从他们那里买一架钢琴，因为我的女儿们弹钢琴。主人们犹豫了一下这个怎么操作，但最终他们建议我以同样的价格买一架三角钢琴。我订的那架钢琴三个月后收到了，我把钱付给了进口商。

我完成博士论文后奖励了自己一次从西伯利亚到北京的火车旅行。我觉得这是去中国的正确方式。就在离开前，我丈夫与中国全国人大常委会副委员长共进午餐，并告诉他，晚上我将乘火车前往中国。当我们的火车穿过中国边境时，我穿着运动衣正躺在车厢的长椅上。几位高级军官走进车厢，向我敬礼说："欢迎您来到中国，利波宁夫人。在北京站会有人迎候您。"我对这种隆重的仪式感到很惊讶，但我并没有太当真。当火车到达北京火车站，在我们车厢门前的站台上停了好些辆黑色奔驰轿车。这就是"总统级别"正式访问的开始。我紧急向芬兰大使馆致电，希望得到使馆的帮助或者能有一名助理帮忙，因为我的日程排满了访谈、午宴和晚宴，而我在致辞、祝酒和致谢时，甚至都不知道我面前人们的名字和背景。芬兰大使馆拒绝给予我任何帮助，因为我不是芬兰政府正式派出的访问者。我们只能从网上搜索有关背景信息。

利波宁夫人与三个女儿身着旗袍出席中国大使馆举行的三八妇女节活动。

访问的高潮是与中国全国人大常委会副委员长的交谈。红地毯通向楼梯上方，全副武装的士兵行着军礼。会见的气氛很热烈，取得了圆满成功。我们谈到了中国的环境挑战和女性平等问题。副委员长鼓励我如果想看到真正的中国，下次就去西部旅行。

在正式访问时，主人想展现和提供最好的东西。为了更好地了解中国社会的情况，我想能在正式访问日程之外走动一下。东道主得知我想在普通餐馆吃饭和在市民生活的地方活动时，感到很迷惑。我喜欢坐普通火车旅行，这样我就能看到乡村地区，了解食物是如何生产的。当我乘坐着新建成的火车线路从北京去拉萨时，我看见建起的一座座混凝土拱桥伸向视线所及荒无人烟的远方，这给我留下了深刻的印象。

我们的火车在多部车头的牵引下爬上几千米的高山开往西藏。所有乘客包括工作人员都躺倒了。我并没有出现高原反应。我从窗户看着外面放养牦牛的牧民、人们居住的帐篷、荒芜的大自然以及正在行军的中国人民解放军战士。

从上海到北京的高铁速度倒是很快。我预订了一个靠窗的座位看风景。列车以每小时 300 公里的速度行驶，但在最初的三个小时里，我没有从火车上分辨出窗外的任何景物。那时我意识到找到解决气候问题的办法是多么重要。

我们从重庆出发坐船沿长江下行前往上海的方向。我们看到了中国美术作品所描述的壮丽的峡谷景色。我们来到了一个水电站，它所生产的能源相当于芬兰一年的能源使用量。我们遇到的一些人，他们家族的房子、墓地都被留在了水坝水平面以下，不过他们在新的城市获得了现代化的住房。这种解决办法还是很人性化的。

如果不懂中文，语言障碍是一大挑战。无论是从美式狂热婚礼还是欧洲家电商场来看，大都市重庆都是一个超级现代化的城市，但是却没有人讲英语。找一辆出租车或者吃饭点菜都变成了难题。在云南丽江，我本来点了杯咖啡，服务员却端来了一个煮鸡蛋，没有一个人认得欧元，我的手机也不能用了，互联网上都是中文汉字，正如路牌和菜单上的一样，甚至老城区的规划地图都与我所了解的也完全不同。

在参访医院时，我遇到了一个在等待针灸治疗的人，他曾经在赫尔辛基奥运会上当过记者。在一个小村庄里，我和一个童年时缠足的女人聊过天。在随同议长正式访华时，一名男子和我一起举杯，他告诉我，他从 500 公里外赶到这个晚宴以示敬意，就是因为他在 15 年前访问芬兰时受到了非常友好的接待。从我的这些经历中，我学会了把一个人作为独立的个体去看，不论他周围的群体有多庞大。

1998 年，亚欧首脑会议在伦敦举行。晚宴时，我荣幸地坐在女王主桌上中国总理朱镕基旁边。作为中国经济改革的领导者，他的名字已载入史册。我疯狂地思考着能和这个矜持男人聊的话题，最后我决定称赞一下北京烤鸭。朱镕基总理嘟囔着说：上海烤鸭更好吃。我说您这样说是因为您担任过上海的市长。当我们起身离开餐桌时，朱镕基总理突然大笑着对我丈夫说，他现在知道在家里你们谁才是总理了。几年后，我们收到了一份特别的邀请，去朱总理官邸会见他们这对已退居二线的总理夫妇，这是一种莫大的荣幸。

我也非常荣幸地两次会见中国国家副主席习近平，也就是现任的中国国家主席。他曾在访问芬兰时率团访问议会。当他看到我们这个以女性为主的接待委员会时，他对自己由男性组成的代表团说，下一次我们也应该有女性来参与。每当我见到来自世界各国的领导人时，我总想知道他们身上有什么独特的特质能够使他们在艰难的竞争中占据强势地位。

这些年来，许多中国的政治和商业代表团访问芬兰。芬兰引起了人们的兴趣，芬兰之行可能会为工作中有建树的人加薪。作为国会议员和未来委员会主席，我总是亲自接待所有代表团。当我在欢迎辞中谈到我在中国的旅行时，人们都很高兴：你比我们更了解中国。

我之前收到了一个请求，要我带领中国最大的国有能源公司的管理层参观芬兰核电站。他们想要建造更多的核电站。恰好我一个国防培训班的同学佩卡·奥塔瓦宁（Pekka Ottavainen）领导着 TVO 的核能部门，我们便一起去参观奥尔基洛托（Olkiluoto）的核电站。路上，我听到其中一位高管的朋友娶了一位芬兰太太，他的那个朋友对蓝色包装的 Fazer 巧克力赞不绝口。当我们在加油站停下来加油时，我赶紧买了著名的巧克力送给代表团的所有成员品尝。我还准备了我爱好的冬泳来让来宾娱乐放松，我们约定了早上来接代表团里的女翻译和我一起试试芬兰的冬泳。男性领导们抱怨说，他们也很喜欢冲冷水澡。当我去上海出差时，公司的整个管理层都坐私人飞机来与我见面并一起吃晚餐。

来自中国的高层人士来到芬兰时，我为他们组织了各种体验活动，如海边用餐、骑摩托艇、在冰池里冬泳。来宾们给国内发了很多照片展示他们怎么驾船或者在冰雪的水面上穿着泳裤摆姿势照相。我每年都在议会组织中国研讨会，而且都是对公众开放的。中国大使总是在研讨会上致辞。我参加了在中国使馆举办的活动，许多大使的夫人们在组织专题活动方面也非常活跃，很有交往能力。

当我当选芬兰议会的未来委员会主席后，我们对中国的态度非常积极，因为中国这个大国开启了与芬兰的关系，我觉得早期阶段就开始合作对芬兰和中国都会带来许多好处，特别是在教育出口方面。自从芬兰成为第一批承认新中国的国家以来，我们的关系就一直得到发展。

未来委员会是一个特别的委员会。它是一个联系着议会决策者和科学家的智囊团。2011—2015 年，该委员会受到了国际社会的强烈关注。联合国、法国议会、智利议会都想了解我们委员会的工作，我们还访问了德国、俄罗斯和中国。每周我们都接待来自世界各地的代表团。议会议长埃罗·海纳洛马（Eero Heinäluoma）回忆说，议会的所有访问者都希望了解未来委员会的工作与决策预期，以及我们如何共同构建可持续增长，如何解决棘手的问题。

在一次会见代表团时，我见证了一次真正的飞跃。那是2013年春天，中国人民政治协商会议（CPPCC）全国委员会主席俞正声访问芬兰的时候，他建议芬兰议会和中国的全国政协集中开展面向未来的合作研究。2013年12月，在中国人民政治协商会议以及俞主席的倡议下，我们在北京举行了一次中芬双边研讨会，与会的芬兰代表有未来委员会以及科学与商业代表。2014年春天，在赫尔辛基举行了一次相对应的研讨会，其目的是确定两国间举办研讨会的传统。2015年议会选举后，我退出了议会，委员会新任主席便没有继续推动与中方的联系了。

在北京举行的研讨会使我对中国的爱好达到了顶峰。我们的主题是展示可持续增长的创新。中国凭借强劲的经济增长，使数亿人摆脱了贫困。中国想找寻一种将快速的经济增长与可持续的环境发展结合起来的解决方案。未来委员会希望介绍芬兰的绿色技术是如何协助解决全球问

2013年12月9日，时任中国全国政协主席俞正声在北京人民大会堂会见芬兰议会未来委员会主席利波宁夫人。

2014 年 3 月，利波宁夫人率领芬兰未来委员会代表团访华期间参观北京电厂碳收集产品——液态碳。

题的。许多芬兰公司向中国同行展示了他们的专业技能。阿尔斯通谈到了水净化技术。BMH 技术公司展示了关于如何将生物废料转化为燃料，有机废物可以产出气体和肥料。美卓介绍了高效的垃圾焚烧技术，以减少排放以及用于发电。埃科哈登谈到了用电力来净化土壤和处理地下水，而不需要进行昂贵的土地搬移。

未来委员会想通过合作找到能使绿色技术更为有效的解决方案。我们也想向中国学习。在研讨会期间，我们参观了北京的燃煤电厂，这里生产了首都 25% 的能源，二氧化碳得到回收并转化为干冰。我们还参观了利用垃圾和地热能生产能源的技术。

我们希望介绍一种芬兰的运营模式，既能提高生产效率，又能注重环境价值，也就是把对环境技术的投资视为提高效率的手段，而不是成本支出项目。我们的一些例子中有讲到，芬兰造纸业如何减少排进内河水域的污水量。在我们芬兰，相关立法在加强，改进工业技术受到支持鼓励。水域的水得到净化甚至可以饮用，与此同时工业生产也在成倍增长。GreenSound 演示了许多个单项技术是如何相互连接，提高成果效率的。

芬兰与中国的合作中重要的是文化间的理解。事情总是发生在人与人之间。能不能获得信任，这才是资本。

作为西方人，我学到了中国文化中的许多有意义的内容。在往访中国的那些年里，我认识了倪先生。当时我想去酒吧喝几口冷饮，倪先生把我带到了茶室让我坐下来喝茶，并且教我一定要慢慢喝，一点点地去品味。

每天回家，我都会看到从云南省买来的许多丝绣画。其中一幅画的是竹子，它告诉我们一个人要不断努力积极向上。兰花图教会我们，修养就像一种微妙精致的气味，不会直冲入鼻，而是要学会识别它。梅花的教育意义是，尽管在大雪的重压下，梅花依然坚持绚丽开放。就我个人而言，我喜欢菊花图的寓意。菊花紧凑团结，即使在花谢之时，依然花瓣不凋，不放弃它的尊严。

我与中国交往的这些年里充满了精彩的经历，但现在我与中国的联系形式已经改变了。我对中国的爱好已经转交到了我的孩子们身上。我的三个女儿中有一个曾在清华大学学习和在中国工作，另一个女儿已经开始学习中文，她希望能在中国学习。因此，中国依然存在于我们的家庭生活中。

难忘与利波宁总理的交往

张直鉴（中国前驻芬兰大使）

2002 年，我很荣幸地出任了中国驻芬兰共和国第 16 任特命全权大使。在芬兰常驻的四年多时间里，我有机会广泛地接触了芬兰的政商、文化等各界人士。芬兰人诚实善良的优秀品质和对中国的友好感情，给我留下了极其深刻的印象。我在任时，与芬兰前总理帕沃·利波宁曾有过密切交往，现讲述关于我与他交往的几个小故事，和大家一起分享。

一、亚欧会议期间，两次会见朱镕基总理

帕沃·利波宁 1941 年出生于芬兰赫尔辛基市。他 1964 年加入芬兰社会民主党，1993 年任社民党主席，1995 年任芬兰总理。我到任后不久，曾礼节性拜会了他。会见结束时，他特地向我郑重提出，待我回国休假时，一定要向朱镕基总理转达他的亲切问候。他还说，朱总理是一位好总理，为人谦和，深谙经济，对国际问题有着独到的见解。他的这番话，立刻引起了我对 1998 年一段往事的回忆。

1998 年 4 月，刚刚接任中国国务院总理的朱镕基同志率团出席在英国伦敦举行的亚欧首脑会议。亚欧首脑会议是每年轮流在亚欧地区举行的亚洲和欧洲两大洲的多边论坛峰会。会议期间，各个国家除了出席相关的多边会议外，也同时举行不同国家之间的双边会见。我当时任外

中国国务院总理朱镕基会见来华访问的
芬兰总理利波宁。

交部礼宾司副司长，随同时任礼宾司司长的张业遂同志一起出席此次峰
会，并负责朱总理的对外礼宾联络工作。

应芬兰方面的要求，朱镕基总理同利波宁总理举行了双边会见。可
就在会见后的当天晚上，芬兰方面又打来电话，表示希望第二天再安排
一次利波宁总理与朱总理的会见。理由是由于技术方面的原因，当天会
见时，芬方记者未能及时赶到现场录像和拍摄会见照片，希望明天再安
排一场会见，哪怕十分钟都行，以便留下相关影像资料。

我一听这个情况，马上就觉得这几乎是不可能的。因为这种峰会
都是时间短（一般2—3天）、议程多，各与会国领导人之间的双边会
见能够安排一次，已属不易。根据我在礼宾司工作了十几年的经验，还
未曾有过在一次峰会期间，安排我领导人与同一位外国领导人两次会见
的先例。而且，当时朱总理已年近 70 岁，在已经非常紧张的日程里再

增加一场正式会见，似乎不太现实。我和张业遂司长商量后认为，外事无小事，决定立刻向朱总理的秘书汇报上述情况，并说明惯例处理办法和我们倾向于不再安排的意见。过了不到十分钟，朱总理的秘书就给我们回电话，说朱总理同意明天挤出时间来再安排一次与利波宁总理的会见！秘书还特别转达了朱总理的原话："人家既然提出了特别的要求，肯定是有特别的原因。凡事也要替人家着想吆！"

就这样，我们于次日挤出时间，又安排了一场两位总理的会见。他们在短短的两天之内，有两次见面，都十分高兴，畅谈甚欢。会见原定十分钟，却足足谈了半个多小时，双方的电视台记者都记录下了这一十分难得的友好场面。朱总理的"也要替人家着想吆"这句话，不仅成了我日后工作中的座右铭，也给对方留下了极为深刻的印象，并为他们之间的友谊和以后的再次见面留下了伏笔。

我在芬兰工作的四年中，与利波宁总理有过多次见面的机会。每次见面，他总会向我提起朱总理。他对朱总理的治国能力和谦逊品质都称赞有加，每次我回国时，他都请我一定要转达他对朱总理的亲切问候。

二、积极评价中国的发展

中芬两国自 1950 年建交以来，双边关系一直发展顺利。特别是 20 世纪 80 年代以来，双方高层互访不断，经贸、文化等关系热络，人员交往密切，可以说，中芬两国是不同社会制度国家之间友好合作的典范。在我任驻芬兰大使期间，我深深感受到芬兰从官方到民间都对华友好。在交往中，利波宁总理给我的印象尤为深刻。

我在芬兰工作四年期间，在使馆举行过四次国庆招待会，利波宁总理拨冗出席过两次。据芬方友人告，作为总理，日理万机，利波宁很少出席外国驻芬兰使馆的国庆招待会。能够两次出席中国使馆的国庆招待会，实属难得。他还曾携家人一起出席过使馆的小型宴请，这些都充分显示出他对中国的友好和重视。

利波宁总理携家人出席中国驻芬兰使馆的宴请，并与张直鉴大使夫妇合影留念。

利波宁总理曾多次会见我访芬代表团。每次会见，他都积极评价中国自改革开放以来在各个方面所取得的成就。他多次指出，中国是带动世界经济发展的火车头。这是我第一次从一个外国领导人口中听到这样的话。还有一次，我和他单独会见时，他的一段讲话给我留下了十分深刻的印象。他对我说，前些时候，他接受记者采访，谈到中国国内存在的一些问题。他对记者说，我们芬兰是个小国，只有 500 万人口，我们辛辛苦苦地工作，老百姓还是不完全满意，时不时地有人游行，有人抗议；而中国是一个拥有 13 亿人口、50 多个民族的大国，中国领导人再怎么努力也难保在工作上不出现一点失误，而他们正在努力纠正这些失误，使中国变得更好。他表示，我们同中国之间应该增进相互了解和理解，相互尊重。我听后非常感动。我想，正是由于这些开明和有远见的领导人的不懈努力，中芬关系才得以发展得如此顺利。

三、重视中芬两国间的议会交往

2003 年，利波宁卸下总理职务，改任芬兰议会议长。在他担任议长期间，中芬两国议会之间交往更加密切，双方几乎每年都有议会代表团互访，大使馆与芬兰议会之间联系也更加频繁。每年芬兰议会办公厅都邀请使馆外交官及家属去议会参观，了解议会的运作，并与议会工作人员联谊。每年年底前后，我们也邀请议会的工作人员来使馆联欢。经议会的朋友牵线，芬兰民间艺术团的朋友们还教我使馆工作人员跳芬兰民间舞蹈，大家相处十分融洽。

中国驻芬兰使馆在年底组织联欢时，芬兰姑娘教张直鉴大使跳芬兰传统舞蹈。

2004 年 11 月，利波宁议长应时任全国人大常委会委员长吴邦国的邀请，率领芬兰议会代表团对中国进行正式访问。我当时正在国内休假，正好配合全国人大外事局参与了接待工作。除北京外，利波宁议长一行还访问了厦门和广州。在厦门访问期间，为了更深入地了解中国人民代表大会制度的具体工作情况，他和代表团一行 17 人应邀出席并旁听了厦门市十二届人大常委会第十五次会议。他在致辞中说，"这是我第一次来厦门参观。据我了解，这次会议将讨论厦门社会保障体系以及一些重要问题。这些问题在我们芬兰也是广泛讨论的话题。我预祝常委会取得圆满成功！"致辞毕，他和代表团一行在旁听席上旁听了半个多小时才离开。这是厦门市人大常委会历史上第一次有外国议长来旁听会议。对于利波宁本人来说，这也是他第一次以芬兰议长的身份出席其他国家的地方议会会议。

后来，厦门市人大常委会专门将此次活动制作了一盘约 40 分钟的录像带并送到我驻芬兰使馆。我们收到录像带后，专门组织了一场外事活动，邀请利波宁议长及全体代表团成员出席。此次活动十分成功，宾主交谈甚欢，尽兴而散。这也成了中芬两国议会交往史上的一段佳话。

四、又一次会见朱总理

2004 年的访华之行，利波宁议长的另一份收获是他又一次见到了他的老朋友——朱镕基总理。代表团结束了在北京的正式活动，准备离京赴外地访问的前一天，利波宁议长突然找到我说，他非常想见见他的老朋友朱镕基总理，请我务必帮助联系。我听后感到有些为难，因为当时朱总理已经退休一年多了，而且听说他还有几个"不"字原则。比如不题词、一般不见外宾等等。但我还是抱着试一试的想法给朱总理办公

2004 年，利波宁议长在北京又一次见到老朋友朱镕基总理。

室打了报告。很快，报告批下来了，朱总理很高兴会见老朋友利波宁议长。我也非常高兴，马上进行了安排。

11 月 30 日下午，两位老朋友在朱总理住处附近的宾馆亲切见面了。分别六年后，两位老人紧紧握住对方的手，久久注视着，激动之情，溢于言表。此情此景，令我终生难忘。两位老朋友就国际问题以及其他共同关心的问题，进行了近一个小时的长谈。临别时，双方还恋恋不舍，互道珍重。据了解，利波宁是朱镕基总理退休后会见的极少数外宾中的一位，这也足显他在朱总理心目中占有重要的位置。

在满足了利波宁议长的愿望后，我也倍感轻松。他此次访华之行，可谓成果丰硕，意义深远，是一次促进中芬关系进一步发展的友谊之旅。

2020 年适逢中芬建交 70 周年，谨以此短文，纪念珍贵的历史瞬间。我衷心祝愿中芬两国关系发展得越来越好，两国人民之间的友谊万古长青。

中国万花筒

帕西·鹿达宁（芬兰前驻华大使）

人们对中国的印象往往先入为主，反映的是其自身的价值观。

我对中国的印象和想法来自我在中国的岁月。21 世纪初，我把它们整理成了一本书。从那以后，我依然一直关注中国，与此同时，一些旧的记忆与新的故事一起反复出现。

彭蒂·韩培（Pentti Haanpää，编者注：芬兰著名作家）跟随希尔薇·吉科宁（Sylvi Kekkonen，编者注：时任芬兰总理吉科宁的夫人）率领的文化代表团对中国进行了长达一个半月的访问。这是他唯一一次海外旅行。那是 1953 年，旅行的成果是一本《中国故事》（Kiinalaiset jutut）。

60 多年前，韩培以作家的敏锐感受着这条东方巨龙，用自己丰满的笔触勾勒出这样一幅图画：

"在中国的土地上能隐约感受到一种奇特的变化、改革和成长的奇迹。它与众不同，外国人无法轻易地完了解它。直觉告诉我，中国人自己会对变化的国家和变化的生活感到惊讶，并因此邀请世界各地的人来看一看发生在他们身上的事……中国人民今天的生活就像一个从长期重病中康复过来的人。一切看上去新鲜、珍贵又神奇……"

对外国观察者来说，中国就像一个巨大的万花筒，不断变换着自己的颜色和形状。它通常是观察者想要看到的样子。

美国最著名的政治家和外交官亨利·基辛格（Henry Kissinger）在他的著作《论中国》（On China）中承认，要了解中国的一切尝试都必须从中国的历史开始："没有哪个国家享有如此悠久的连绵不断的文明，抑或与其古老的战略和政治韬略的历史及传统如此一脉相承。"

即使在今天，西方谈判代表在中国也面对着古老韬略的实际应用。

包括芬兰人在内的西方中国探索者和观察家们对中国的预测一直是失败的，其中最突出的是要么预测中国的经济完全崩溃，要么预测政治体系分崩瓦解。

1997 年，我开始在中国的四年任期，这期间我最大的工作方是芬兰的企业，他们真正开始了在中国的业务。这项工作提供了一个独一无二的机会，即可以走遍中国，从头到尾去认识这条巨龙，同时重复着那句老话：就像没有一个模子刻出来的美国一样，也没有一个模子刻出来的中国。

* * *

有一次为了一个森林项目，我曾经乘坐越野车从云南丽江去往海拔 3200 米的青藏高原。那时候，西方世界刚刚度过了 1998 年的复活节假期。

因此，拜访古老的噶丹·松赞林寺再合适不过。古寺被高达 6000 米的雪山环绕，寺庙的院子里传来敲击一个大水牛皮鼓的声音，一名僧侣在诵读经文，一位在红地毯上打着莲花坐的老人把一根开过光的红绳子系在一位远方来客的脖子上。

几天后，我们乘着越野车来到海拔 4000 米的雪线附近，步行穿越古老的原始森林，来到碧塔海尽头彝族人的篝火边。

这里的每一棵树都有生命，是自然赠予人类的生命伴侣。

据说神秘的香格里拉就坐落在这个地方。实际上，令人难忘的藏族歌曲唱道，香格里拉就在大自然里，在保留着原始生态的完整性和对传统居民的尊重的大自然里。

马匹、牦牛、狗和孩子们绕着彝族人五颜六色的小帐篷转来转去。坐在篝火旁边，被高原的太阳晒得黝黑的人们感受到伟大秘密的神奇力量，就像曾经的芬兰人一样。

喝茶的时候，我们聊到森林管理。芬兰人承诺会用自己的知识提供帮助，尤其在新的树木种植方法上。

绿茶喝得差不多，时间也过得差不多时，我和我的妻子继续乘坐小型摩托艇前往碧塔海的尽头，到另一堆篝火旁吃午餐。

午餐是新鲜的鱼汤、烟熏牦牛肉、烤土豆、米糕、猪肉，配着浓烈的香料和更浓烈的大麦烈酒。

回来的路上下起了雨夹雪。从帐篷营地出发，我们得骑在矮脚马背上，才能爬上泥泞的山坡回到汽车旁边。

酒店的包间里预留了两张桌子，森林里的人们头戴毡帽坐在一起。

除了频繁的举杯外，还演唱了传统的欢迎歌曲。

主人通过歌声首先敬神明，接着向父母致敬，然后欢迎来宾。

在包间里坐了一会儿以后，我们来到大厅一边，参加藏族晚宴。

参加晚宴的人们穿着各式各样厚重的民族服装，坐在被挪到深色墙壁边的桌子后面，面前放着白色的大茶杯。男士们跑来跑去向他们喜欢的卡拉 OK 女歌手献花。

在昆明考察环境项目

跳舞阶段，女性通常是邀请者——也有人来邀请我。

有一位漂亮的藏族女孩，身上散发出一股新鲜酥油的味道，她只会几句英语。第一支舞曲的时候，女孩问我："Are you happy?（你快乐吗？）"我回答说，那一刻我无比快乐。跳第二支舞的时候，女孩祝我旅途愉快。

第三支舞曲响起，藏族美女邀请了我的妻子。

现在，20 年后的今天，据说香格里拉高原上建起了机场和豪华酒店，还有许多游客。

* * *

1999 年初夏，我们飞到了世界屋脊，海拔 3000 多米的拉萨。

我们乘坐越野车继续行驶到日喀则。旅途的目的地是由芬兰人、联合国和非政府组织在珠穆朗玛峰地区联合开展的发展合作项目点。

这个项目刚刚庆祝了十周年纪念日。

在炎热的高原阳光下，我们坐在一张装饰一新的长桌后面，桌子的位置在尘土飞扬的高原边缘。我们面前盘腿坐着数百个来自边远村落的代表，用红色花纹的帽子和头巾包裹着晒得黝黑的脸庞。

外国人介绍完关于保护自然、消除贫困和可持续发展的想法之后，村民们便开始歌舞表演。

这些表演是作为珠穆朗玛项目的编年史而开发的，成为藏胞集体记忆的一部分。换句话说，村民们用歌舞对异国人的言语和行动发表了自己的评论。喜剧演员用肢体语言对女性怀孕保健提出了建议。

我们在高原村庄里一升升地喝着酥油茶，在墙壁被熏成黑色的小木屋里讨论着小额信贷和手工技艺。这些小木屋的屋顶边上整整齐齐地贴着一排又一排晒干的牦牛粪饼，那是为过冬储存的燃料。长方形的灰泥房被喇嘛教标志性的旗幡和其他古老的魔法标记守护着。家畜生活在院子里或屋子的楼下。

我们结识了许多家庭的女性，正如亚洲各地的女性一样，她们负责家中的财务，精力充沛且积极活跃。这些女性对提供给她们的，且仅仅是提供给她们的小额信贷负有连带责任，因为她们总待在家里，随时可以找到。

在令人昏眩的海拔高度，我们在石漠道路上驱车数小时，来到了珠穆朗玛峰西藏一侧位于海拔 5230 米的大本营。从这里，可以开始向海拔近 9000 米的高度攀登。

绒布寺坐落在大本营附近，寺庙里蜡烛在酥油中燃烧，烟熏色的梁木下面是被千万虔诚行者的手摩擦得闪闪发亮的银器、铜器和铁器。也正是在这里，在房间灰暗的烟雾中，僧人双手握住陌生旅人的手，把一根红黄色的线缠绕在他的手指上，祝福他接下来的旅途顺利。

由于笃信文化之间的差异，芬兰人也创造着自己关于中国的神话。

在北京的芬兰大使官邸有一个"桑拿协会"，成员都是讲芬兰语的中国人，包括部长和大使级别的人物。在仲夏节一次酣畅淋漓的桑拿之后，大家自发并发自内心地用流利的芬兰语唱起了古老的芬兰民歌，那一刻，我们大家都是一样的。

＊ ＊ ＊

几乎每一次旅途中，中国万花筒都会转出一番新的风景。

在中国东海之滨的上海和香港之间，坐落着亚热带城市厦门。从厦门高科技开发区乘坐轮渡，很快就能到达音乐之岛——鼓浪屿。

一百年前，鼓浪屿曾是外国使团的大本营，那些"非法领事馆"占据着被热带树木环绕的欧式别墅，别墅中间伫立着一座天主教堂。

中国著名的钢琴音乐中心也诞生在这座小岛上，许多闻名世界的音乐家和作曲家都来自这里。

漫步在鼓浪屿幽静的小巷中，仿佛进入了旧别墅和花园营造的梦幻世界，魔法般美妙的钢琴声从敞开的窗户飘出来，又飘入另一些别墅中。

好奇的外国客人满心惊讶地被吸引到一棵巨大的榕树下，树荫里有一栋菲律宾式木制别墅，别墅的客厅里，一个小女孩正坐在钢琴旁，老师站在她的旁边。

没有一个人说话。大家面带微笑。女孩继续她的演奏。

* 曼纳海姆 *

一百年前，一个被称作"马达汉"，即"骑马穿越云层的骑士"的芬兰人来中国旅行。在芬兰，他叫曼纳海姆，是一名目光敏锐的军事情报官和文化研究者。

几年的旅行日记和圣彼得堡档案馆披露的军情报告不仅展现出曼纳海姆是一名敏锐的观察家和出色的作家，还是一名受过良好教育、机智且胸怀宽广的世界公民——记录了漫长旅程的日记中没有流露出一丝欧洲人的优越感或种族偏见。

2006 年 8 月 24 日，新的芬兰亚洲协会邀请 9 名研究曼纳海姆的中国学者和几名芬兰军事情报专家在赫尔辛基股份银行董事会古老的"元帅厅"共进晚宴。我作为芬兰亚洲协会的主席主持晚宴。

晚宴是曼纳海姆亚洲之行百年纪念活动的一部分，活动刚刚在赫尔辛基大学举行为期两天的研讨会。

军情报告的披露和新发现的新疆文献让中国边疆研究所的研究人员将曼纳海姆的研究拓展到一个新的领域。

俄国入侵远东以及和英国之间一直延伸到印度的大规模政治权力斗争"大博弈"要求加强情报搜集。曼纳海姆的任务是收集军队途经新疆喀什和甘肃兰州一直攻入北京的相关情报。

20 世纪初，位于新疆西部边界的喀什是中亚彼时"大博弈"的枢纽，是情报人员聚集的场所。曼纳海姆在喀什的住所是俄国领事馆。

曼纳海姆在军情报告中强调了新疆至关重要的战略意义。然而，尽管圣彼得堡方面有指示，他不愿把对新疆的占领推进到中央帝国的腹地。

中芬军事情报专家均认为曼纳海姆的报告具有很高水准，在军事上有着特别珍贵的价值。

根据中国方面的评价，曼纳海姆对中国西部边境地区战略意义的尖锐评析"充分显示了他的军事才能，这是因为他提出的行动模式本可能会戳中中国的软肋"。（编者注：后来由于俄国形势的变化，曼纳海姆的报告并未付诸实施，而其对当时中国西部政治、经济、社会及民俗考察留下的大量文献及照片则成为珍贵的史料，对今天研究中国西部具有重要的参考价值。）

中国前驻芬兰使馆政务参赞王家骥先生（曾任中国驻冈比亚共和国特命全权大使）曾将曼纳海姆的《旅行日记》翻译成中文并为他撰写了传记。精通芬兰语的王先生还是我们北京官邸"桑拿协会"的成员。王家骥先生在自己的研究中称赞曼纳拉姆采用了"严肃而科学的研究方法"。

1904 年，曼纳海姆在报告中写道，中国"代表进步思想的人士正在一步一步地坚定向前"。后来，曼纳海姆预测中国将会发展为"其他国家在其筹谋中必须加以考虑的一方势力"。

* 和平特使阿赫蒂萨里 *

作为总统与和平特使，马尔蒂·阿赫蒂萨里曾多次访问中国。

1997 年 9 月 22 日，阿赫蒂萨里在访问日本途中在北京稍做停留，时任中国国家主席江泽民在中国领导人所在的中南海接待了他。

由于阿赫蒂萨里的性格以及说话不喜欢拐弯抹角、直入主题的方式，江主席在那次会晤中也显得非常放松——这与西方媒体报道的形象恰恰相反——并聊了很多话题，写下了一些文字，还背诵了几首诗和名家名言。

1997 年 12 月 22 日，鹿达宁（左一）陪同阿赫蒂萨里总统访华并会见江泽民主席，这次访问成为国际新闻。

1999 年 9 月 8 日，阿赫蒂萨里以科索沃问题特使的身份再次飞往北京，停留了一天。他此行的目的是实事求是地阐明局势，并试图让中国参与西方大国推动的和平进程。

阿赫蒂萨里以坦率而平衡的方式描述了巴尔干地区危急的形势，在会议桌对面倾听的中国专家们纷纷点头表示赞同。

在那之后仅仅相隔几个月，1999 年 12 月 19 日，马尔蒂·阿赫蒂萨里和我们这些随行人员与中国领导人一起挤进一家不起眼的澳门小店的小沙龙里。那是芬兰担任欧盟轮值主席国的最后一段时光，澳门回归庆典是江主席与阿赫蒂萨里作为国家元首的最后一次会晤。

也许是因为空间狭小或澳门的亚热带气候，江主席夸赞了好多次芬兰新鲜的空气。

约尔玛·奥利拉（编者注：时任诺基亚集团董事长）乘坐私人飞机赶来参加澳门会晤，他用几分钟时间介绍了诺基亚并表示愿意与中方分享经验，在场的三位直言不讳的领导——阿赫蒂萨里总统、江泽民主席和颇有名气的朱镕基总理，针对在场的其他人，包括中方的外交部部长在内，无拘无束地开了几句玩笑。

* * *

在 1999 年圣诞节前一周，在拉普兰省省长汉奈乐·波卡（Hannele Pokka）的陪同下，我们将那位唯一正牌的圣诞老人从罗瓦涅米请到了北京。我们将圣诞精神注入了一场相当引人注目的活动：邀请残障儿童班级参加有圣诞老人亲临现场的大型招待会，并在芬欧汇川的帮助下向孩子们赠送学习用品。

当有两位圣诞老人在北京圣诞节的灯火中相互撞上时，CNN 电视台采访了我，原因是瑞典人已经将那位"唯一正牌的圣诞老人"带到了北京。

我用了很长时间来解释真正的圣诞老人到底来自哪里，最后设法强调说，来自其他国家的圣诞老人都是耳朵山圣诞老人的助手，是他的亲善大使，因为真正的圣诞老人不可能每年都有时间走访每一个地方。此外，我还抱怨说，当今世界有太多虚假信息当道，以至于有文化的人也开始相信那些关于圣诞老人故乡——芬兰的种种匪夷所思的奇谈怪论了。

与来自芬兰的正牌圣
诞老人在一起

* * *

2001 年秋天，我离开了外交部，但我没有远离中国。

我回到了半个世纪前我的"国际化"开始的起点——于韦斯屈莱
（Jyväskylä），以便参与我家乡城市企业的中国项目以及芬兰一些其
他的国际活动。

区域合作的一个重要模式是云南省和于韦斯屈莱之间密切的合作
和互访——云南省会昆明和于韦斯屈莱之间签署了合作协议，其中包
括各类项目、环境发展措施以及公司和大学之间持续不断的思想交流。
此后，在于韦斯屈莱常能见到云南来客。

2012 年秋天，两市合作在昆明建起一座造价 1600 万欧元的淤泥
处理场。它不仅能生产能源，需要时还能为花卉栽培生产肥料。昆明斗
南花市已是世界第二大花卉交易中心。

多年来，于韦斯屈莱大学的多个机构也在中国开展了环境领域的联
合项目。

芬兰逸事与感怀

黄兴（中国前驻芬兰大使）

我于 2009 年 9 月履新，出任中华人民共和国驻芬兰共和国第 18 任特命全权大使。在我出使芬兰四年半的时间里，时任国家副主席习近平、全国政协主席俞正声和芬兰两任总统哈洛宁、尼尼斯托先后成功实现互访，将中芬关系推上了新高潮。中芬在政治、外交、经贸、科技、文化等方方面面所取得的合作成果不胜枚举。在此我仅分享几件在芬兰工作和生活期间印象深刻的轶事。

一、芬兰技术之光

芬兰地处北欧，人口仅有 500 余万，但却是高度发达的现代化国家，其多个科技和工业领域，诸如信息通信、机械、自动化在世界上都占有一席之地。国人熟悉的诺基亚手机曾雄踞世界第一；通力电梯曾位居世界第二。芬兰人开创性地发明了计算机开放源代码，至今还在造福人类。近年来，在我国从欧洲技术进口方面，芬兰一直扮演着重要角色。芬兰的科技对促进我国的经济和工业进步作出了贡献，我国的广阔市场也推动了芬兰出口贸易，双方实实在在地实现了互利互惠。

2010 年，习近平副主席对芬兰进行了正式友好访问，取得了丰硕的成果。在紧张的日程中，习副主席考察了位于北极圈内的罗瓦涅米市。

当时正值严冬，习副主席冒着严寒观摩了芬欧汇川公司的自行伐木机器人作业全过程并登上了驾驶室参观。这是专门为采伐寒带树木设计的全自动机械，它通过一个柔性机头抓住树干，然后完成直径丈量、切割树桩、去除树枝、传输数据的全过程。短短数十秒，一气呵成。每台机器一天可采伐 100 立方木材。这既大幅提高了生产效率，又改善了工人的作业环境。芬兰总理万哈宁介绍，机械自动化使现在的 7000 人代替了 20 世纪 50 年代 50 万人的工作。习副主席赞扬道，效率非常高，你们在自动化机械伐木方面有很多好经验，值得我们学习。

中芬工业经济合作堪称互惠的典范。通力电梯在中国的发展就是良好的范例，它为中国改革开放、飞速建设作出了突出贡献。通力中国公司成立于 1996 年，至今已在国内安装了百万余部各类电梯、自动扶梯和自动人行道。这些具有领先技术的高质量设备为助力我国建筑现代化

黄兴大使(前排左二)受通力赫林董事长邀请访问高速试验电梯，并在地下 350 米处的合影。

起到了积极作用。特别值得一提的是，1997年，通力公司成功研制了碟式电机、无齿轮无油压无机房、智能控制的电梯，开创了独步世界的新技术，节约近50%的电耗，省去了机房建筑，可谓是开世界电梯新技术之先河。将此类技术设备制造能力引进国内使我们跨越了几代电梯技术。1997年，通力公司在芬兰利用废弃矿井建成了直达地下350米深处的电梯实验设施，为成功研制超高层建筑电梯奠定了基础。

二、到总统夏宫做客

2013年4月，芬兰总统尼尼斯托应习近平主席邀请首次对我国进行国事访问并出席亚洲博鳌论坛。总统先生离开北京时向我表示，访华非常成功，期待在赫尔辛基见面，探讨进一步发展两国友好关系。出乎预料的是我返回芬兰不久即收到了总统的请柬，邀请我到他的夏宫做客。

芬兰总统夏宫坐落在图尔库市外的楠塔利小镇，当地人称之为黄金海岸。7月的夏宫绿草茵茵，枝繁叶茂，鲜花盛开。在芬外交部副部长和有关官员的陪同下，我们一行五六位驻芬使节着便装来到了优美的总统夏宫。夕阳西下，余晖与灯光交相辉映，鸡尾酒会杯盏交错。总统兴致勃勃地和我谈其愉快的访华之旅，称赞双边高层会谈成果卓著，博鳌论坛多边活动议题重要且高效。总统特别提到，欧洲、中国和美国在当今世界是最重要的三极力量，而中国近几十年的高速发展为世界进步发挥了突出作用，希望中欧、中芬继续加强合作。

芬兰是音乐之乡，芬兰音乐家西贝柳斯闻名遐迩，芬兰人热爱音乐。总统宴会上，擅长歌唱的芬兰副外长托斯蒂拉引领宾主唱起了著名的芬兰歌曲，在轻松愉悦的氛围中，既有外交、文化的交流，又有欢歌笑语，可谓是一次重要而又轻松的高层外交盛宴。

三、桑拿外交

桑拿浴发源于芬兰，那里的很多家庭都有乡间别墅，而且大多都会附有桑拿浴室，因此芬兰的桑拿文化由来已久。芬兰桑拿浴协会在芬是一个很有影响力的民间组织。2012 年冬的一天，该协会邀请我和几位其他国家驻芬兰的使节洗桑拿并共进烧烤晚餐，芬兰副外长亦应邀参加。这是我平生首次，也是唯一一次尝试最高水平的桑拿浴。我们依次进行了三次桑拿，每次体验不同的桑拿室。第一、第二室分别为 75 及 90 摄氏度，最高潮的是第三室，竟然达到了 105 摄氏度。有的客人到第三室便打了退堂鼓。我鼓起勇气和芬兰副外长及另外两位大使勇敢地尝试了"烤肉"般的桑拿浴。短短 5 分钟的蒸烤真如炼狱一般，然而出浴后却使人感到从未有过的轻松通透。这是一次难忘的体验。

桑拿浴活动也有外交。浴室里大家坦诚相见，桑拿后壁炉旁，在和风细雨的交谈中，亦不失唇枪舌剑。记得当时有一位西方大国大使旁敲侧击地称，西方新闻报道对中非贸易颇有微词，认为中国在非洲很活跃，有掠夺资源之嫌，有人称之为"新殖民主义"，对此我给予了有理有力的反驳，表明新中国成立以来从来没有殖民过任何国家。中国政府一贯反对殖民主义，并用事实和数据说明了中国对非无私援助和帮助非洲发展工业、建设基础设施的情况。在场的同行们对我的有力说明纷纷点头认可。

四、芬兰人春节

自古以来春节就是中国百姓最重要的传统节日，谁曾想到这个节日也成了芬兰人的所爱。从 2007 年起，中国春节庙会活动开始在赫尔辛

黄兴大使和赫尔辛
基市市长参加 2010
年春节庙会活动。

基隆重举办。赫尔辛基位于高寒地区，中国农历的大年三十时节，这里的温度大都在零下 20 摄氏度以下。然而就是在这样的寒冬腊月，当地人仍然会踊跃地来赶中国春节庙会。

芬兰人不熟悉中国的农历，所以每年春节前，在许多外事活动中，我都会反复被问及来年除夕是几月几日，以便提前订好日程以参加春节活动。2012 年春节活动令人印象深刻，赫尔辛基的庙会规模最为壮观，举家前来逛庙会的人数竟达到全市人口的十分之一。同时在坦佩雷、于韦斯屈莱、伊马特拉市也都举办了春节庙会，并诚邀我一一出席，为此我和夫人及使馆外交官顶风冒雪赶场参会，为当地人过春节助兴。

春节活动按惯例由我和赫尔辛基市市长共同为庙会鸣锣开幕并简短致辞。欢庆活动好不热闹，赶庙会的人们买年货、品年味，通过大屏幕同步欣赏春晚，并放焰火，观赏国内专业文艺团队的精彩演出。目睹当时的盛况，令人由衷感受到中国传统文化带给芬兰人民的欢乐。

五、文化艺术无疆界

赫尔辛基艺术节是芬兰最具盛名、规模最大的国际表演艺术节，在北欧颇具影响。每年的活动都会邀请世界各国艺术团体参加，且邀请一个主宾国与会。据悉，2015年中国首次成为主宾国，400多名中国艺术家应邀参加活动，表演了交响乐、民乐、声乐、芭蕾舞、现代舞、电影、戏曲、绘画、设计、杂技、武术、茶艺等门类的节目，受到热烈欢迎。

我在芬兰有幸看到由芬兰人扮演青衣和武旦的京剧表演，更难能可贵的是，多部中国经典文学作品由芬兰人译成了芬兰文版发行。特别值得一提的是，包括《论语》在内的数部中国古籍和莫言的诺奖现代作品也翻译出版了芬兰文版。中国太极对芬兰人来说已不陌生。一次我出差到波里小城，遇到了当地的芬中友协分会主席，惊喜地了解到这位六七十岁的女士在那里教授中国太极拳已达20年，受到了许多当地人的喜爱。近年来，热爱中华文化的芬兰人越来越多，孔子学院的开办为他们提供了系统学习汉语和中国经典文化的学堂。随着中芬双方文化交往的不断深入，芬兰人民对中华文明认可度达到了新水平。

黄兴大使与芬兰交通部部长参加罗瓦涅米中国冰雕节开幕式。

黄兴大使赴芬兰总统官邸向尼尼斯托总统辞行。

在 2010 年上海世博会上，芬兰馆"冰壶"在 C 级展馆中名列前茅，中外参观人数达到 500 多万，相当于芬兰的人口总和，确实不愧为成功之作。

中芬建交 70 年来，两国政治互信，在外交、文化、经贸、科技等领域的合作平等互利，成果卓著，造福了两国人民。中芬关系持续健康发展，两国人民友好交往的深度和广度不断拓展，可谓树立了大国与小国、发展中国家与发达国家之间国家关系的典范。

我在芬兰工作期间，亲身感受到两国领导人对两国人民友谊与两国关系的高度重视和赞赏，见证了两国人民友好情谊不断升华。在自己外交生涯中，我为能出使芬兰，有机会为中芬两国友好尽绵薄之力而感到由衷的欣慰！

鲜为人知的中芬早期交往史

王家骥（中国前驻芬兰使馆政务参赞）

2020 年是中芬建交 70 周年。在中国，大家一般都知道，芬兰是最早同中华人民共和国建立外交关系的西方国家之一。但很少有人了解，实际上，中芬两国的人员交往可以追溯到更为久远的年代。本文介绍的两位芬兰历史人物，就是两国早期交往的例证。

我想先从自己当年赴芬兰留学的一段经历谈起。

20 世纪五十年代末，我和我的一位同学，通过联合国教科文组织，作为中芬两国第二批交换留学生，赴芬兰赫尔辛基大学进修芬兰语。1960 年 5 月，我们去芬兰中部城市于韦斯屈莱上夏季大学。于韦斯屈莱高等教育学院（今于韦斯屈莱大学）是培养芬兰语教师的摇篮，每年5 月至 8 月该校都为进修的中小学教师开办夏季大学。开设的课程十分专业，有芬兰语语音学、芬兰语语法、芬兰语支语言、芬兰文学等。我和一位叫阿尔托宁的芬兰小学教师同住一间学生宿舍。我们还认识了几

王家骥

位芬裔瑞典籍女教师，她们是从瑞典北部过来进修的，那里有为芬兰移民子女开办的芬兰文学校。芬兰同学对我们都十分友好。

特别让人难忘的是，那年仲夏节，于韦斯屈莱市市长邀请我们到他家去做客，市长夫人早早开车来接我们。在市长家的客厅里，我们见到了市长及其家人，还有一些市长的朋友，其中有一位来自国外的东正教神父和一位芬兰女牧师。令人惊奇的是，那位 50 多岁的女牧师竟能用流利的普通话与我们交谈。原来她曾经在中国大陆和台湾地区传教。她说，芬兰传教士到中国传教的历史很长。随后，应市长的邀请，我们到广场上旁听了神父的布道会。回到市长家里，丰盛的自助餐之后，市长邀请我们去洗桑拿浴，由其读高中的儿子陪伴。我第一次享受到了从桑拿浴室出来直接跳到清凉的湖水中去的那种沁人心脾的凉爽、神妙的感觉。晚上的篝火晚会是在一个半岛上举行的。人们围着篝火尽情地唱歌、跳舞、玩各种游戏，通宵达旦，热闹非凡。

1960 年 8 月下旬，世界青年联欢节在赫尔辛基举行。中国派出一个 100 多人的大型青年代表团参加，我参加了接待工作。开始时，我陪同代表团领导参加青年论坛，后来再陪同青年劳动模范尉凤英和藏族歌唱家才旦卓玛等参观访问，受到芬兰进步工会和民众的热烈欢迎。

中芬两国的人员来往，可以追溯到 19 世纪俄属芬兰大公国时期。历史上，芬兰自 1155 年起，被瑞典王国统治达 6 个多世纪。1809 年，瑞典在与俄国的战争中战败，将芬兰割让给俄国。芬兰遂成为沙皇俄国的大公国，沙皇为芬兰大公，芬兰在形式上保持了一定程度的独立自主地位。在俄国这种较为宽松的政治统治下，于 18 世纪末、19 世纪初产生的芬兰民族觉醒思潮，逐渐得到了发展，出现了一批追溯芬兰民族起源、强调民族意识和开创民族文化的民族主义文人。

1817 年，从无数的民间诗歌中诞生出来的芬兰民族史诗《卡勒瓦拉》出版了。1831 年，芬兰文学协会成立。1863 年，沙皇亚历山大二世宣布芬兰语为芬兰正式的行政和法律场合用语，即享有与瑞典语同等地位的官方语言。芬兰语不属于印欧语系，而属于乌拉尔－阿尔泰语系的芬兰－乌戈尔语族，或称芬匈语族。芬匈语族包括芬兰匈牙利语、爱沙尼亚语和分散在卡累利亚和波罗的海沿岸的小族群语言，以及现今尚活动在西伯利亚通古斯一带的鄂毕乌戈尔人或匈人语。19世纪四五十年代，许多从事语言学、民族学和考古学研究的学者接二连三地奔赴乌拉尔－阿尔泰地区和西伯利亚的一些芬匈语部族居住区域进行考察。当初他们共同的目标，是考证芬匈语族的民族起源。1883年，芬兰－乌戈尔学会成立。当时欧洲正值东方学热潮的兴起，芬兰对于语言、民族的考察进一步扩大到历史、民族、语言、宗教和文化等众多方面，在语言学方面，则扩大到突厥学、蒙古学和汉学。更多的学者来到中国新疆、内蒙古和外蒙古地区进行考察，其中著名的有奥托·唐纳（Otto Donner）、约翰·兰司铁（Gustav John Ramstedt，1873—1950）和萨卡里·派尔西（Sakari Pälsi）。

兰司铁原是一名在芬兰故都图尔库瑞典文中学教书的青年教师。1898—1901年，他接受时任芬兰－乌戈尔学会会长唐纳的委派，到蒙古乌尔噶(今乌兰巴托)考察蒙古民族和语言。他在牧民中学习蒙古口语，收集民歌、民间故事和谜语以及文字资料。回国后，兰司铁于1903年发表了两篇关于蒙古语语音、语法和乌尔噶方言与古蒙文对比研究的论文，开创了蒙古学研究的先河。之后，自1903年至1913年，兰司铁又连续六次到蒙古、新疆、中亚和伏尔加河流域进行考察。1905年，他曾在乌鲁木齐停留数月，并到巴音布鲁克草原会见从伏尔加河流域东归的蒙古土尔扈特部首领渥巴锡的后裔巴雅尔汗王。通过长期的考察，兰司铁深入研究了蒙古各部族以及突厥、维吾尔和波斯等民族的语言和历史，进而著书立说，并在赫尔辛基大学开课，教授蒙古语、蒙古历史和通古斯学、突厥学等，成为世界闻名的蒙古学学者。

　　兰司铁不仅仅是著名的蒙古学学者，而且还是独立后的芬兰派往北京与中国建立外交关系的使者。1919年，兰司铁被芬兰共和国总统斯朵尔伯格任命为第一任驻日本、中国和暹罗（泰国的旧称）公使。兰司铁在他的回忆录《七次东方之旅》中"独立的芬兰与中国的关系"一节里，详细地描述了他与当时的中国北洋政府外交部谈判建交的过程。

　　1919年兰司铁到达东京后，随即通过中国驻日本公使与中国北洋政府外交部取得联系，提出去北京进行建交谈判和递交国书。当时的北洋政府在五四爱国主义运动浪潮的冲击下，要求新建交国必须在平等互惠的原则下，先签订两国友好和贸易协定，即"和平协定"，不能带有领事裁判权等特权，反对外国在中国实行强权政策，芬兰也不例外。兰司铁向中国公使解释说，芬兰与中国从不存在战争状态，没有必要签订和平协定；芬兰的政策可以简单地说是一种"文化政策"，绝不是强权政策。芬兰向中国和日本仅仅输出新闻纸和纸浆，越是文明的社会越需要纸张。芬兰从不谋求侵占任何国家的领土和攫取各种特权。任何承认芬兰独立并与之建交的国家都没有要求事先签订这种协定。在中国公使依然强调签订协定的必要性，并要求写一份备忘录后，兰司铁幽默地写了下列一段话：尽管中国政府提出了各种新的原则，但依然与百年前的立场一样，不欢迎外国人。可惜芬兰从来没有巨大的战船和大炮，用以炮轰中国的沿海城市，就像英国人、葡萄牙人和其他国家的人所做的那样。芬兰只不过派了一些传教士来，建立了几个小小的传教站，试图通过治疗疾病帮助苦难的中国老百姓。中国公使说，你的备忘录相当奇特，但公使还是把它翻译成中文，发送到中国外交部。出乎意料，没过多久，中国公使电话通知兰司铁说，北京来了电报，欢迎他到北京去。

　　兰司铁的北京之行十分顺利。在外交部，首先是办公厅主任跟他谈了互惠、平等原则问题。兰司铁表示，他完全同意这些原则，芬兰政府保证遵守这些一般原则。"现在当芬兰政府的代表拜会外交部部长并向他递交我的国书时，我希望中国政府也遵守这些同样的原则。"兰司铁同时提出，根据这些原则，中国政府是否也尽早派出公使到赫尔辛基去。第二天，北洋政府外交部部长接见了兰司铁，并向他保证尽可能派出外交代表到赫尔辛基。最后，部长通知他，从今天起，他就是在中国外交名册上芬兰的正式代表了。他的中文名字是"兰木生"。兰司铁觉得这个名字的意思是"兰花木的儿子"，与他的芬兰原名很贴切。当他回到东京时，得悉中国先前驻圣彼得堡的大使已被派往赫尔辛基，并在那里建立了第一个中国驻芬兰公使馆。1920年，兰司铁还到北京见到了北洋政府新任外交部部长顾维钧。1929年，兰司铁奉调回国时，到了南京，向国民政府外交部部长辞行。

郭沫若为中国驻
芬兰使馆题诗。

在近代史上，另一个走进中国西部的芬兰探险家是马达汉（Carl Gustav Mannerheim，1867—1951，即曼纳海姆）。马达汉在芬兰历史上是一个传奇人物。他是芬兰独立后的第一位国家元首。在第二次世界大战期间芬兰同苏联的两次战争中，马达汉是芬兰国防军总司令，芬兰唯一的元帅，战后担任芬兰共和国总统，领导芬兰走上和平建设的道路。

《1906—1908年马达汉西域考察图片集》封面

马达汉出生在沙俄统治下的芬兰，是贵族出身的瑞典裔芬兰人，与俄国有着千丝万缕的联系。1891年，他从俄国皇家骑兵学校毕业后，曾服役于沙皇宫廷近卫队，1905年参加在中国辽东半岛进行的日俄战争。1906年至1908年，马达汉受俄军总参谋部的派遣，到中国西部进行军事侦察活动，重点是新疆。同时，他又接受了芬兰 - 乌戈尔学会的委托，沿途进行了经济、社会、人文考察，为世人留下了大量的文献性图片和学术资料。我曾潜心研究马达汉的中国西域之行，并撰写了《马达汉（芬兰）》一书，作为"走进中国西部的探险家系列丛书"中的一部，于2002年由中国民族摄影艺术出版社出版。

马达汉在西域的考察历时两年多，行程14000公里，足迹遍及新疆、甘肃、陕西、河南、山西、内蒙古、河北等省份。他此行的首要任务是为沙俄侵略中国刺探情报。20世纪初，英国、日本等帝国主义列强加紧对中国西藏和东北地区的侵略。一直觊觎中国的沙俄也不甘落后，决定派马达汉到中国西部进行军事考察，为日后制定进一步侵略中国的作战计划做准备。马达汉完成长途考察之后，随即向俄国总参谋部递交了一份军事考察报告《上校曼纳海姆男爵奉旨于1906—1908年穿越中国突厥斯坦和中国北方诸省至北京之旅的初步考察报告》。只是当马达汉完成历时两年多的考察任务回到俄国时，俄国罗曼诺夫王朝已经走向衰败。俄国国内社会动荡不断，革命运动风起云涌。1917年，十月社会主义革命取得胜利，彻底结束了罗曼诺夫王朝的统治，沙俄侵略中国的美梦也就此破灭。

马达汉为沙俄军队所写的军事考察报告，由于后来俄国内外形势的变化而被束之高阁。而他撰写的70多万字的实地考察日记和拍摄的1400多幅照片，涉及沿途政治、经济、文化、地理、历史和风土人情等方方面面，都是历史性的纪实文献，对我们研究和了解中国晚清时期的社会、人文和对外关系等具有重要的参考价值。坐落在芬兰赫尔辛基市中心的"马达汉博物馆"展出了他在中国西域考察的大量图片和实物，吸引了不少游客和学者前往参观。

与此同时，马达汉作为一个小国的民族主义者，对受尽列强欺压的中国又寄予同情和希望。马达汉在他的《旅行日记》中，把中国看成与俄国一样的大国；在他的《回忆录》中准确地指出：20世纪的中国需要一个稳定的中央政府、一支强大的国防力量、一个现代化的行政和技术队伍以及新的公路和铁路网，但首先需要的是和平。马达汉1940年在战时司令部为出版《旅行日记》而撰写的"致读者"一文中又指出，"改革工作在中国内地也已深入，——由此看来很有可能的是，这个国家正在走向一个新的、伟大的未来；一个新的力量中心将在旧中国的废墟上建立起来，全世界又将再一次把她当作大国因素而刮目相看。"

追忆中芬关系的往事佳话

倪晓京（中国前驻芬兰使馆政务参赞）

　　70 年前的今天，芬兰，这个当时在中国鲜为人知、位于遥远北欧的小国，与刚刚成立一年零 28 天的中华人民共和国正式建立了外交关系。探秘新中国与芬兰之间的早年交往，让人们不禁有种久已钟情、相见恨晚的感觉。

一、中国与芬兰在新中国成立之前的交往

　　中芬之间早在 18 世纪上半叶就有交往，当时芬兰还是瑞典的一部分。最早到华的芬兰人是在瑞典东印度贸易公司工作的芬兰海员。到了沙皇治下的芬兰大公国时期，随着 19 世纪末西伯利亚大铁路的贯通，一些在俄军服役的芬兰军人曾被派往满洲俄海军基地。1890 年后，少量芬兰传教士开始到湖南传教。

　　进入 20 世纪，在中芬交往史上最著名的芬兰人要数后来担任芬兰总统的马达汉元帅（C. G. Mannerheim）和芬兰语言学家兰司铁（G. J. Ramstedt）。马达汉曾在 1906—1908 年间受沙俄军队总参谋部派遣到我国西部地区搜集军事情报，同时以芬兰考古学家的身份进行考察，为后世留下了大量珍贵文字和图片史料。兰司铁则于 1919—1929 年出

任芬兰首任驻日本和驻华临时代办。1926 年，中芬签订了第一个国家间条约，芬兰开始在上海设立总领馆。20 世纪 30 年代后期，由于战事，芬兰对日本的关系几乎完全中断。第二次世界大战期间，芬兰驻上海总领馆暂时关闭。1944 年 9 月，芬兰彻底关闭了当时在远东仅有的两个总领馆，即驻东京和驻上海总领馆，驻上海总领馆馆舍亦被拆除。二战后，芬兰作为战败国，在欧洲以外没有恢复使领馆，其在华事务委托瑞典驻上海总领馆代管。在 1945 年到 1949 年之间，中芬之间几乎没有任何政治交往，只有少量经贸往来。战后，中国作为主要战胜国参与了巴黎和约的制定，其中包括对芬兰和约的谈判。（部分内容引自《芬兰对华关系 1949—1989》，Sari Arho Havren，2009）

二、在西方国家中第一批承认并与新中国正式建交

芬兰与其北欧邻国瑞典和丹麦一样，都是第一批承认并与中华人民共和国建立外交关系的西方国家。丹麦、芬兰和瑞典分别于 1950 年 1 月 9 日、13 日和 14 日先后承认中华人民共和国。瑞典于 1950 年 5 月 9 日作为第一个西方国家与新中国建交。

说起北欧国家对华建交的先后顺序，还有一些鲜为人知的小插曲。

先说瑞典与丹麦这两个邻国。虽然丹麦承认新中国在先，建交却落在瑞典后面。据说当时两国驻上海的谈判代表同时启程乘火车来北京，但阴差阳错地丹麦还是让瑞典抢先了一步。据史料记载，中国和瑞典之间的建交谈判更为顺利，双方很快就建交事宜和互换使节达成了一致。

芬兰则有着自己曲折的故事。当 1949 年 10 月 1 日毛泽东主席在

1956 年 6 月，芬兰议会代表团访华期间，周恩来总理
（前排左二）与代表团成员友好交谈。

天安门城楼上向全世界宣告中华人民共和国成立时，芬兰当时在华并无外交代表，而是通过瑞典驻华外交代表获悉了这一消息。当时的芬兰外交部因迟迟未作回应而受到芬左翼政党的批评，芬兰总理法盖霍姆遂于1950 年 1 月 13 日报请总统决定正式承认中华人民共和国并与之建交，但不知何故，有关指示并未及时得到落实。直到几个月后，当获悉瑞典和丹麦已于当年 5 月先后与新中国建交的消息时，芬兰政府才发现起了个大早却赶了个晚集。当时的芬兰总统巴锡基维曾为此大为发火，严厉批评芬兰外交部误了大事，并于当年 9 月 1 日主持总统例会，决定正式与新中国建交并尽快派出使节。

三、唯一与新中国不经谈判即正式建交的 西方国家

1950 年 6 月，中国外交部接到瑞典驻华使馆通知，告知芬兰在华事务可由该馆代理。我外交部即通过我驻苏联使馆向芬方进行核实。9 月中旬，芬兰驻苏联公使约见中国驻苏联公使曾涌泉，表示芬兰政府希望尽快与新中国建交并派出使节。

新中国成立后，在外交上采取"另起炉灶""打扫干净房屋再请客"的做法，在同西方资本主义国家谈判建交时遵循 3 项原则：该国是否同国民党反动派残余势力断绝了关系，是否在联合国等国际组织中支持恢复中华人民共和国的合法席位，并通过谈判证明其尊重中国主权的诚意。考虑到芬兰当时还未加入联合国，且已于二战期间彻底中断对华官方联系，与蒋介石集团并无关系，周恩来总理兼外长指示，与芬兰建交可不经过谈判手续，即可交换使节，建立正式外交关系。

经过中芬两国外交机构的多次沟通，1950 年 10 月 28 日，双方就两国建交和互换使节事宜正式达成协议，芬兰遂成为继瑞典、丹麦、瑞士和列支敦士登之后第五个与新中国建交的西方国家，同时也是唯一未经过谈判就与新中国正式建交的西方国家。中芬双方商定，中方由当时中国驻瑞典大使兼驻丹麦公使耿飚兼任驻芬兰公使，芬方则由芬兰在远东地区的唯一使节、驻印度公使瓦尔万尼兼任驻华公使。1951 年 2 月 10 日，芬兰首任驻华公使瓦尔万尼从新德里来到北京，向周恩来总理递交了国书。当时本拟由毛泽东主席接受国书，但当天因故安排了周恩来总理代接。周总理后来也成为芬兰人民最敬重的中国领导人之一。递交国书当天，还发生了一个小插曲：虽然芬方已提前将芬兰国歌寄出，但中方并未收到。情急之中，中国外交部礼宾司官员找来了芬兰著名作曲家西贝柳斯的《芬兰颂》，但瓦尔万尼公使没有同意，直到找出芬兰

也可在国事典仪上使用的《波里进行曲》（Porilaismarssi），这一难题才获解决。在亚欧大陆另一端，1951 年 3 月 31 日，中国首任驻芬兰公使耿飚从瑞典首都斯德哥尔摩来到芬兰首都赫尔辛基，向芬兰总统巴锡基维递交国书。按照当时的国际惯例，北欧除了瑞典之外，其他国家对外只相互交换公使级外交代表。直至 1954 年 9 月 11 日，中芬双方才将驻各自首都的公使馆正式升格为大使馆。中国首任驻芬兰大使是陈辛仁，芬兰首任驻华大使为孙士敦。

四、第一个与新中国签订政府间贸易协定的西方国家

早在建交之初，芬兰即表达了愿意与中国开展双边贸易的强烈愿望。当时中国正由于抗美援朝而受到美国等西方国家的经济制裁和战略封锁，国内建设亟需大量机械设备和原材料等物资。芬兰在苏联的支持和鼓励下，积极开展对华贸易，在新中国最困难的时候"雪中送炭"。中国人民对此一直铭记在心。

中芬贸易最早是通过中苏贸易开始的。1951 年 2 月，瓦尔万尼公使在递交国书时就向周总理请教如何开启双边贸易。同年 4 月，芬兰总理吉科宁在会见耿飚公使时，也谈到苏联支持芬兰开展对华贸易。1952 年，中国与苏联和芬兰首先签订了中芬苏三方贸易协议。1953 年，中国与芬兰签订了新中国与西方国家之间的第一个政府间双边贸易协定。与其他北欧国家相比，芬兰此前几乎没有对华贸易的传统，双方可以从干净的桌面开始。中芬之间也开创了国际贸易的新模式，既不同于东欧国家与苏联之间的贸易，也有别于其他北欧国家与中国之间的贸易，即两国贸易通过双边清算账户进行年度结算，不必实时以货币结算。这种安排为两国后来贸易的快速发展奠定了良好基础。

五、中国改革开放开启中芬友好合作新的一页

1979 年 5 月，耿飚副总理率中国政府代表团对芬兰进行正式访问，时隔 20 多年后再次踏上芬兰的国土，受到了芬兰政府高规格的接待。这一中国对芬兰的高级别访问，开启了中芬友好合作关系的新篇章。此后，芬兰外长韦于吕宁、议长皮斯蒂宁、总理索尔萨和总统科伊维斯托相继访华，中国高层领导也先后访芬，双方政治互信不断加深，各领域交流合作不断扩大，两国关系逐渐步入平等互利、共赢合作的快车道。尽管后来国际风云变幻，各自内外环境都发生了很大变化，但是两国领导人始终能够着眼于中芬两国和两国人民的根本利益，精心呵护中芬传统友好和互利合作。

20 世纪 80 年代末 90 年代初，随着东欧剧变、苏联解体、冷战结束，芬兰抓住国际格局变化的契机，及时废除了战后一直束缚芬兰对外政策的《芬苏友好合作互助条约》，代之以《芬俄两国关系基础条约》。

2015 年 11 月，全国人大常委会委员长张德江会见访华的芬兰议长洛赫拉。

其后，又于 1995 年加入欧盟，1999 年加入欧元区，实现了其"回归西方"的愿望。与此同时，中芬两国的交往也更加密切。继科伊维斯托总统 1988 年访华之后，芬兰历届总统均到访过中国。现任总统尼尼斯托分别于 2013 年和 2019 年两次访华。1995 年，时任中国国家主席江泽民访芬，这是两国建交以来中国国家元首对芬兰的首次国事访问。2017 年习近平主席对芬兰进行国事访问，双方确认建立面向未来的新型合作伙伴关系。

回顾以往，中国和芬兰携手共同走过了 70 年的风风雨雨。尽管国际环境和彼此国情都发生了很大变化，但两国友好关系历久弥坚，充分印证了两国领导人政治上的远见卓识。如果将中芬关系比作是婚姻，今年已是"钻石之婚"。相信随着世界大家庭的融合及中国"一带一路"建设向欧洲西北方向的延伸，中芬两国互尊互信互惠合作的道路将会越走越宽广，越走越辉煌。

人文篇

与北京合作的难忘回忆

尤西·帕尤宁（赫尔辛基市前市长）

2005 年 6 月 1 日，我开始担任赫尔辛基市市长。第二年，赫尔辛基和北京缔结为友好城市，北京成了赫尔辛基重要的伙伴城市。

当今世界友好城市关系的模式是第二次世界大战之后兴起的，目的是增进不同文化之间的友好与理解，并促进贸易与旅游业的发展。21世纪一直强调国际贸易和经济政策的重要性。友好城市是国际上所谓的"城市外交计划"的一部分，旨在推动世界各国的城市共同寻找解决方法，合力应对全球或涉及到更广泛区域的挑战。如今大多数国际合作集中在应对气候变化问题上。随着城市化的发展，相对于国家层面，城市的地位得到提高，同时城市与城市之间双边关系的重要性也在增加。

在芬兰，缔结友好城市也有着悠久的传统，芬兰的许多城市与世界各国的城市缔结为友好城市。在过去的几十年里，芬兰的城市与中国的城市关系也得到了加强，比如，芬兰首都大区的三个主要城市都与中国的城市建立了友城关系，除了赫尔辛基与北京，还有埃斯堡（Espoo）与上海、万塔（Vantaa）与济南这两对友好城市。

其中，赫尔辛基与北京的合作构筑了赫尔辛基与中国关系中的重要核心区域。其实，赫尔辛基与中国城市的合作不限于北京，深圳和中芬设计园就是很好的例证，但是就单独的具体合作项目数量而言，赫尔辛基与北京的合作显然是最为重要的。

我在 2005 年开始担任赫尔辛基市市长时，中国经济的积极高速增长已经持续很久了。2001 年中国加入世贸组织是推进国际经济合作的关键一步，几乎世界上所有的大公司都希望在中国开展业务。

许多芬兰公司对于进入中国市场很积极，后来在不断发展的中国市场站稳了脚跟。总体来看，芬兰公司的行动是成功的，而且越来越多的芬兰人到中国工作。

北京在当时已经是国际大都市了，北京的城市建设速度相当快。我们在欧洲还不太习惯亚洲生活节奏之快捷，但仍然可以在这座城市中发现许多传统的中国文化元素。经济的高速发展带来的一个负面效应是糟糕的空气质量，到处都曾是雾霾，在街道的这一边甚至没法看清另一边，鲜少有灿烂的阳光。

2008 年，在北京到处都能感受到即将到来的奥运气氛。这是全国性的重要活动，大家都想为此精心准备。奥运场馆宏伟壮观，都是出自世界顶级建筑师之手。

2005 年的赫尔辛基市与 20 年前相比已经大不相同，芬兰已经成为国际化且充满活力的欧洲国家。从 1990 年代经济大萧条中崛起的芬兰是一个富有竞争力且自信的国家，芬兰已经深刻认识到高等教育作为福利社会基石的重要作用。随着芬兰移动技术的飞速发展，我们尤其是在创新领域处于领先地位。芬兰在世界范围内表现出色，芬兰的福利社会有能力创造出具有全球意义的新生事物。

从赫尔辛基这一城市的角度来看，一个更重要的变化是：赫尔辛基在欧洲地理上的地位发生了变化。亚洲经济体增长迅猛，芬兰比其他欧洲的城市中心更靠近亚洲。赫尔辛基 – 万塔机场已经开始成为亚洲航空运输的新的枢纽及集散中心，而那时中国旅游业的崛起还尚待时日。

我们知道芬兰位于西欧北部，距离欧洲中心区域很远，前往其他大洲的旅行总是通过欧洲大城市的航空枢纽进行，就交通流量而言这是明智的。小溪流汇聚到大中心，洲际空中交通的效率也因此提高。

但在亚洲崛起之后，我们意识到了芬兰巨大的物流竞争优势，从赫尔辛基出发同架航班可以在 24 小时之内往返亚洲。例如，赫尔辛基到北京的平均飞行距离不到 8 小时，这意味着可以更有效地安排航班线路。赫尔辛基－万塔机场取代了欧洲大型交通枢纽，能够更有效地汇合客流，也因此更加经济实惠。对于旅行者来说，这还意味着更短的旅行时间。

我们在世界地图上的地理位置似乎从边缘地区变成了中心，旅游业对于赫尔辛基乃至整个芬兰来说，有可能发展成为经济的新支柱。

即使在 2006 年，也能感觉到交通流量是双向快速增长的，之后的发展也证实了这一点。来芬兰旅游的中国游客数量逐年增加，从芬兰的角度来看，这种潜力是无法估量的。

我还记得在我担任市长期间，一家中国的电视台对我进行了一个旅游相关的采访，采访最后我说出了我的愿望——欢迎所有的中国人来芬兰旅游。在这之后我就在想：如果每一个中国人都实现了我的这个愿望，芬兰将会成为一个什么样的旅游国度呀。

2006 年，我们与北京之间进一步深化合作对双方而言都是十分自然的。我们之间可以相互学习。北京乃至全中国的强劲发展对于芬兰工商界的重要性以及赫尔辛基福利模式和创新投资为我们双方的合作奠定了富有成果的起点。

我参与城际合作的时间超过 10 年了。在我众多的美好回忆中，最难忘的是 2006 年夏季的活动。2006 年初中国驻芬兰大使馆迎来了新任大使马克卿女士，我们所有芬兰人都称她为 Rouva Ma（马大使）。她近乎完美的芬兰语对于芬中之间建立联系起到了极大的帮助。我们都刚刚接任我们的职务，彼此之间的合作也自然而然地开展了起来。

当时赫尔辛基与中国合作的旗舰项目是在中国各地巡回展出的赫尔辛基当代城市建筑展览，展览于 2006 年春季在北京开幕。我对中国的发展有着极大的兴趣，毕竟我自小就对世界政治感兴趣。中华人民共和国驻芬兰大使馆和新闻中心就设在赫尔辛基的库洛萨里岛上，那是我长大的地方。我上学的时候还参观过大使馆。从那时起，世界已经发生了很大的变化，但我对中国的兴趣依然不减。

2006 年 6 月 1 日，我和我的妻子娅娜（Jaana）首次访问中国首都北京。我们的日程安排得丰富多彩，其中就包括我前面提到的城市展览——赫尔辛基当代城市建筑展览（Helsinki Contemporary Urban Architecture）和设计展览——芬兰椅子设计与纺织品图案（Cool Dozen-Chair Design and Textile Prints from Finland）的开幕式，还包括参观北京的 798 艺术园区、访问清华大学以及与我们北京东道主的众多会见活动。在清华大学的公共政策与管理学院所作的演讲是我这次旅程的高光时刻。2008 年北京奥运会的筹备工作也体现在我们的众多活动中。

时任北京市市长的王岐山是此访的主人。我们之间的会谈非常有趣，联合晚宴上我们有一些非正式的讨论。我们还见到了北京奥运会组委会主席、党组书记刘淇。东道主们都非常了解赫尔辛基和芬兰。从以上这一切都可以看出，芬中之间的合作有着悠久且广泛的传统。

经过三天充实的访问，我们满意地回到了芬兰。城市之间合作的深化已经具备了良好的前提条件。

一个月之后，我们等来了王岐山市长的回访。这次回访的重点是赫尔辛基市与北京市签署了友好城市协议，这一天是 2006 年 7 月 14 日，星期五，同时也是一个对我和娅娜来说极其重要的日子，因为这是我们的第 27 个结婚纪念日。

我们精心地准备了王岐山市长的访问行程，希望王市长在赫尔辛基市的经历能和我们在北京的相得益彰。在马大使的领导下，中国驻芬兰大使馆为我们提供了巨大的帮助，芬兰外交部亦是如此，倪晓京参赞在计划的设计和落实中也发挥了重要作用。我们为客人设计的行程中包括参观赫尔辛基的能源以及自来水和污水处理厂，我们还想展示夏日的赫尔辛基以及最美的海滨风光。当然计划中最重要的活动都是发生在赫尔辛基市政厅里。

我们为友好城市协议签署仪式做了认真的准备。按照一般惯例，协议的实际部分是简略的。我们协议中规定的合作领域包括经济、贸易、科学与技术、文化、教育、体育、卫生和职业化劳动力。协议中还商定，城市领导人和政府机构将定期举行会议以促进该协议的执行。最后，协议中指出，该协议的有效期为五年，除非任何一方要求终止协议，否则该协议在有效期后也将继续生效。

就这样北京成了赫尔辛基第一个真正的友好城市，即姐妹城市。赫尔辛基在它的历史进程中一直与国际城市进行紧密的合作。多数情况下合作与具体项目或倡议有关。从以往的例子来看，我们主要的伙伴城市在地理位置上离我们很近。北欧国家首都之间的合作有着最悠久和最深入的传统。除了共同的历史和文化，最重要的是被称为北欧福利模式的工作方式，这是我们合作的良好起点，这些相同点使北欧各国之间的相互比较和学习变得很容易。另外，赫尔辛基与圣彼得堡、莫斯科在合作会议纪要框架下建立的合作模式由来已久。

2006 年，赫尔辛基参加了许多城市间合作的国际组织。随着芬兰1995 年加入欧盟，我们加入了许多新的合作网络，我们在"欧洲城市组织"（Eurocities）中尤其活跃。在当时的城际交流中，气候变化已经是一个突出的讨论议题。

在我们访问北京的筹备会谈中，北京市的代表们提出可以建立友好城市关系，这个想法非常符合当时的城市国际化发展计划。外交政策并不属于城市的管辖范围而是国家的责任，但重要的是合作对城市居民的福祉有多大贡献，这就与地方层面的城市有关了。所以我们协议的重点都是涉及商业和城市发展政策、福利服务的发展以及文化和体育活动的。

亚洲尤其是中国的强劲经济发展和城市化进程都凸显了经济和城市政策的重要性，旅游业也在持续增长。当然，创新平台和设计思维的发展对我们双方来说也很重要。我们希望积极展示我们在福利服务方面的北欧模式。

创新和设计在当时是有待开发的主题，一些初创公司后来加入了这个计划。尽管直到 2012 年赫尔辛基才当选了当年的设计之都，但从访问行程可以看出这部分内容也已经在我们的设计中，文化和体育是自然而然的合作领域。

赫尔辛基市政府一致赞成与北京市达成的友好城市协议。

现在 14 年之后，我们来看合作协议的执行情况，几乎在每个合作领域我们都有积极的发展合作。许多芬兰公司在中国市场表现良好，同样中国公司在芬兰的投资也有所增加，中资公司一直是芬兰主要的企业纳税人。北京已成为世界第二繁忙的航空运输枢纽，赫尔辛基 – 万塔机场也逐年增强了其亚欧交通枢纽地位，来自亚洲的游客使赫尔辛基成了一个更加国际化的城市，旅游业成为赫尔辛基市的重要产业之一。

文化领域交流也有很多进展。我们的合作协议为城市之间广泛的文化交流构建了框架。中国艺术家团体的访问都是高质量的。

让我感到特别高兴的主题是中国农历新年庆祝传统在赫尔辛基的发展。多年以来，北京市对赫尔辛基春节庙会的成功举办作出了绝对的贡献。对于一个城市及其市民来说，这个城市在一年的任何时候都富有生机是很重要的。就这一点来说，无需将芬兰夏天单独提出来赞美，但是能在一年四季都创造出有趣的活动才是挑战。赫尔辛基的 1 月中旬到 2 月下旬传统上来说是安静的。虽然芬兰是冬季运动发达的国家，但首都在这一领域的机会有限。

中国农历新年的时间非常契合我们的冬季的日程安排。不论是在国内还是国外，冬季的民间节日都能吸引人们的注意。中国人口在芬兰的比例已经增加并且大型国际公司的员工也越来越熟悉中国文化，中国的饮食文化和风味也吸引了许多芬兰消费者。

尽管如此，这项活动仍然是一个不小的挑战，最让我们担心的是，人们能否接受在寒冷的天气下参加室外活动。那个时候天气会不会变得尤其寒冷？如果温度低于零下 20 摄氏度，人们怎么参加大部分在室外举行的活动？

作为赫尔辛基市的市长，我希望能够参与到庆祝活动中。我的职责是在新年倒计时之前与中国驻芬兰大使一起发表演讲。令我高兴的是，这项工作取得了丰硕的成果，在赫尔辛基市中心举办的全面的、高质量的节日庆典效果很好。参加活动的人数一次又一次地超出了我们的预期。

2008 年和 2022 年的北京奥运项目是城市合作的重要组成部分。尽管北京 2022 冬季奥运会尚未举行，但它已经衍生出了众多合作项目。

2008 年北京夏季奥运会，我和我的妻子娅娜受邀参加了开幕式。它是我们参观过的组织得最好的活动之一。北京奥运会的气氛独一无二，一切都表明东道主国的努力无可挑剔。盛会期间处处洋溢着成功举办活动的喜悦和自豪。

最后让我们回到 2006 年 7 月 14 日这一天，赫尔辛基与北京签署友好城市协议的日子，那是一个阳光明媚的美丽夏日，市政厅前的集市广场上到处都是快乐的居民和游客。

签字仪式在市政厅的市长接待室举行，从那里可以直接通往市政厅

2007年春节，赫尔辛基市市长帕尤宁（右一）与中国驻芬兰大使马克卿（左二）在春节活动上

的露台。这个露台具有象征意义，因为它可以看到古老的帝国中心还有卡伊沃公园、芬兰堡和赫尔辛基海岸边的群岛，露台前面的集市广场在好几个世纪都是贸易买卖的集市。

按照计划，首先我们与北京市市长王岐山作了一个简短的开场白。在我自己的演讲中，我强调道，国家之间的紧密联系为地方之间的合作打下了基础，铺平了道路。城市化进程日趋发展，城市作为实践者的重要性正在得到加强，但国家之间的良好合作是全部的前提。

签订完协议后，我们走到具有象征意义的露台。露台外呈现的是夏日的赫尔辛基，这是这座城市最美丽的时候。漫步在露台前集市广场的人们享受着夏日阳光。就在我们走向露台时，碰巧遇上了每个星期五在集市广场演奏的警卫管弦乐队（Kaartin Soittokunta），总统府旁边的主警卫队伴随着行军乐轮值站岗。这仿佛也是对我们庆祝活动的"加冕"，我们的客人也喜形于色。我和我的妻子娅娜为我们的城市感到骄傲。

中芬文化交流的成功范例

吴世广（中国前驻芬兰使馆文化参赞）

中芬两国建交以来，两国文化交流一直稳步发展，为增进两国人民的了解和友谊、密切双边文化关系起到了积极的促进作用。在 70 年的中芬文化交往中，有两件盛事具有深远的影响，并在中芬文化关系中占有重要地位，这就是赫尔辛基"欢乐春节"庙会和赫尔辛基艺术节中国主宾国活动。我曾作为中国驻芬兰大使馆文化参赞，亲身参与和见证了这两大盛事。

一、赫尔辛基"欢乐春节"庙会

2007 年 2 月 18 日，中国驻芬兰大使馆网站发布了如下一条报道：

由赫尔辛基市政府和北京市政府联合主办、中国驻芬兰大使馆和芬中协会协办的首届"中国春节庙会"于 2007 年 2 月 17 日在芬兰首都赫尔辛基市中心广场隆重举行。25000 名赫尔辛基市民、旅芬华人和华侨出席，一起喜迎中国农历新年。

13 时 30 分，来自北京的两条"中国龙"和两只"中国狮"伴随着欢快喜庆的锣鼓声，从赫尔辛基参议院广场出发，经繁华的曼纳海姆大街和商业区来到市中心的水晶宫广场，拉开了芬兰赫尔辛基首届"中国春节庙会"的序幕。当地时间 14 时（北京时间 20 时），在广场的液晶大屏幕上开始直播中国中央电视台春节晚会。与此同时来自北京的民间艺术团舞狮队与芬兰中国武术协会在广场舞台上同台献艺，轮流表演着令人眼花缭乱的舞龙舞狮、中华武术和太极拳等节目，芬兰女子舞狮队也前来助兴。在庙会集市上人头攒动、熙熙攘攘，近 40 家摊位展示的中国商品、古家具、书籍、艺术品琳琅满目，数十种中国小吃热气腾腾、香气四溢。风筝、面具手工艺品展示令人驻足，电影院放映着中国经典影片，"舞动的北京"和"中国奥运场馆"图片在灯光中映衬着传统和现代的北京……

17 时 45 分，赫尔辛基市市长帕尤宁与中国驻芬兰大使马克卿走上舞台致辞，给大家拜年。帕尤宁市长说，赫尔辛基首次举办中国春节庙会是中芬两国日益活跃的文化交流的最好见证，赫尔辛基市政府将努力把中国春节办成赫尔辛基早春传统节目，并越办越好。马克卿大使说，中国春节庙会为冬日的赫尔辛基增添了东方的喜庆与吉祥，希望中国春节庙会成为芬兰隆冬时节一年一度的文化盛会，让芬兰人民在欢乐中对中华文化有更直观的了解。马大使还代表北京市向友好城市赫尔辛基赠送两条舞龙和两头舞狮。当晚 18 时（北京时间 24 时）即将敲响新年钟声时，广场上所有人的目光都投向直播中央电视台春节晚会的巨型屏幕，不约而同地一起倒计时。在钟声敲响的一瞬间，广场上响起鞭炮声和欢呼声，现场来宾喜迎中国农历新年的到来。

这条新闻详细描述了 2007 年赫尔辛基首届春节庙会的生动场面，并从此拉开了迄今长达 14 年的赫尔辛基春节庙会的序幕。

赫尔辛基春节庙会的举办，还要从北京市同赫尔辛基市建立友城关系说起。2006 年，时任北京市市长的王岐山应邀访问赫尔辛基，与时任赫尔辛基市市长的帕尤宁签署了两市建立友好城市的协议。协议中的一项重要内容，就是要促进两市的文化交流。此时，中国的"欢乐春节"

庙会舞狮

活动已经在一些国家开展起来，芬兰的一些政界、商界、文化界友好人士也有在芬兰开展"欢乐春节"活动的意愿。中国驻芬兰大使馆乘势大力推动，得到帕尤宁市长和赫尔辛基市文化局、芬兰－中国友好协会等方面的积极响应。帕尤宁市长表示，"欢乐春节"活动与赫尔辛基市政府希望将该市打造成具有吸引力的欧洲文化之都的设想不谋而合。经过多次沟通，赫尔辛基市和北京市决定在赫尔辛基合作举办"欢乐春节"庙会。赫尔辛基文化局、北京市原文化局、赫尔辛基凯撒文化中心和芬中协会作为承办单位做了大量具体细致的筹备工作。中国驻芬兰大使馆初期也参与了许多策划和实施工作。赫尔辛基市市长帕尤宁先生和时任中国驻芬兰大使马克卿十分重视庙会活动，在各方面给予了大力的支持和指导。芬兰华人华侨联谊会和中国留学生为庙会的成功举办积极献策献力。

庙会舞台烟火

　　万事开头难，在时间紧、没经验的情况下，筹办单位集思广益，克服各种困难，在很短的时间内就确定了活动方案，并着手启动各项准备工作。当时有两个不可控的因素：一是能否成功招商，二是有无观众参加。一些商家担心，春节正值隆冬季节，赫尔辛基天寒地冻，在露天场地搞这么大型的活动，担心不会来多少人，商品和食品可能卖不出去，反而会影响正常的生意，因此参与热情不高。与此同时，主办方也担心千辛万苦准备的庙会能否吸引足够的观众。但是事实证明，这些担忧是过虑的。庙会一开场，人们就从四面八方涌向水晶宫，很快广场上就人声鼎沸。在短短4个小时的时间里，观众达2万多人次。各个摊位都被围得水泄不通，所售商品和小吃深受欢迎，供不应求，商家们个个都忙得不亦乐乎。

　　庙会结束时，组委会在多略湖畔举行烟火表演，人们自觉排成队伍，从水晶宫广场步行到烟花现场，长长的人流蔚为壮观。大家伴随着五颜

参加庙会的民众

六色的烟火，喜迎新春的到来。人们在欢快的氛围中体验中国的春节文化，了解东方人迎新年的传统习俗，从而欣然接受了春节庙会这种过节形式。赫尔辛基市民的喜爱和欢迎为以后赫尔辛基春节庙会持续14年举办奠定了广泛的群众基础。

正如帕尤宁市长和马克卿大使所希望的那样，首届赫尔辛基春节庙会成功举办以来，这个节庆活动就成了当地的传统节日。庙会每年在中国农历除夕举行，到2020年已成功举办14届，成为赫尔辛基市民在寒冷的冬季期待的节庆活动。随着庙会连续举办，活动内容不断充实，越来越多的市民前来参加，人数最多时高达50000人。为此，庙会组委会几次更换场地，由水晶宫广场改到中央大街，2019年又换到人民广场，不断扩大活动场地，满足市民需求。

赫尔辛基春节庙会能够14年持续举办，而且越办越好，具有诸多原因。首先活动始终保持原汁原味的中国庙会本色和欢乐祥和的春节理念。正因为如此，才深受芬兰民众的喜爱。其次，春节庙会丰富了赫尔辛基市民的冬季文化生活，提高了城市国际化水平。再有，政府、企业和民间机构积极组织和参与。每年赫尔辛基市政府拨出专款支持庙会活动；市文化主管部门设立专门机构负责运行；中国驻芬兰大使馆始终高度重视和积极支持；芬兰诸多大型企业常年提供赞助，如通力电梯公司、芬兰航空公司、赫尔辛基报、艾科泰国际电子公司、阿特里亚食品公司等；当地华人华侨踊跃参与。此外，北京市和赫尔辛基市建立了长效的合作机制。中方由北京市文化旅游局和北京市海外文化交流中心牵头，芬方由赫尔辛基文化局和凯撒国际文化中心以及芬中协会负责。每年 10 月芬方都安排专人访问北京，同中方共同策划活动方案，商定演出节目。双方经过多年的交往和合作，相互理解，相互信任，配合默契。这种合作机制是赫尔辛基春节庙会长久不衰的重要保障。

春节是中国的传统节日，能在芬兰实现本土化，反映了芬兰人民对中国文化的热爱。衷心希望赫尔辛基春节庙会这个持续时间最长的中芬文化交流项目，在双方的共同努力下，能够持久地开展下去，为增进两国人民的友谊，促进中芬关系的健康发展作出积极贡献。

二、赫尔辛基艺术节中国主宾国活动

2015 年 8 月 14 日，第 48 届赫尔辛基艺术节开幕。该节是北欧最大的综合性艺术节，也是欧洲最负盛名的艺术节之一。这一年的艺术节一个突出特点就是首次设立主宾国。中国荣幸地被邀请作为首个主宾国。经双方商定，中方共选派了 20 个艺术团组、400 余人参加艺术节，内容涵盖交响乐、民乐、芭蕾舞、现代舞、戏曲、杂技、电影、设计、美术、非遗和美食等 13 个门类，占艺术节项目总量的三分之一。

此次主宾国活动以"创造：让传统走向未来"为主题，全面展现中国的传统文化和现代艺术，是中芬建交以来中国在芬兰举办的最大规模的文化活动。主宾国活动持续两周。中央芭蕾舞团、中央音乐学院、中央美术学院、北方昆曲剧团、上海杂技团、中国电影资料馆和香港中乐团等艺术院团先后赴芬演出和展出。

中国在艺术节上的所有项目都受到当地市民的热烈欢迎，演出场场爆满，展览观众踊跃，有些观众甚至买下中国主宾国项目的联票，连续两周把所有的节目都看了个遍。当地媒体对中国主宾国活动追踪报道，一时间在赫尔辛基掀起了"中国热"。

中央芭蕾舞团的舞剧《红色娘子军》作为艺术节和主宾国活动的开幕演出在赫尔辛基的参议院广场上演。《红色娘子军》是艺术节组委会特别点名作为主宾国活动的重点项目，其目的就是要让欧洲观众亲自体验中国流派的芭蕾舞。演出现场气氛热烈，场面宏大，观众达 5000 余人。中国艺术家的精彩表演和高超技艺，赢得观众阵阵掌声，受到热烈欢迎。

赫尔辛基艺术节中国主宾国活动舞台

如果说芭蕾舞《红色娘子军》是中国艺术家演绎的西方艺术，那么京剧《最后的武士》则完全是由芬兰演员表演的东方艺术。该剧由中国戏曲学院教授吕锁森担任导演，唱腔和念白全是芬兰语。一招一式，惟妙惟肖，很难相信这是由欧洲人演出的京剧。该剧在芬兰国家剧院的两场演出座无虚席，反响热烈。《红色娘子军》和《最后的武士》是主宾国活动推出的中西文化交流和交融的两个成功典范。

中国著名音乐家谭盾指挥的《女书》音乐会是中芬艺术家合作的又一亮点。在谭盾的指挥下，赫尔辛基交响乐团演奏了他创作的交响曲《女书》。动人的中国韵味深深感染了现场观众，演出结束后，观众报以长时间的热烈掌声。

由中外文化交流中心、中央美术学院和同济大学共同主办的为期两个月的《造·化：中国设计》展览在芬兰赫尔辛基设计博物馆开幕。据统计，展览开幕第一周就有 5000 名观众参观。

艺术节期间，中央音乐学院的室内乐、香港中乐团音乐会、北方昆曲剧院的《白蛇传》、内蒙古音和思琴乐团的呼麦演唱、上海杂技团的《十二生肖》、中国电影回顾展、陶身体剧场的现代舞等先后登台展演，受到芬兰观众的热烈欢迎和广泛好评。我国的民间艺术和非物质文化遗产项目也在艺术节期间展出。中国美食夜市、茶艺展示、太极和风筝表演无不吸引众多芬兰民众参与。

赫尔辛基艺术节中国主宾国活动的成功举办是中芬文化交流细水长流、水到渠成的结果。1950 年两国建交以来，在双方共同努力下，两国文化交流和人员往来持续发展，虽然规模有限，但是始终不断，为两国人民相互了解和增进友谊奠定了良好的基础。随着两国关系的密切发展，越来越多的芬兰民众希望更深入和更全面地了解中国，了解中国文化。

赫尔辛基艺术节中国主宾国活动现场大教堂观众

在这样的背景下，2013年赫尔辛基艺术节决定同中方合作，在2015年举办中国主宾国活动。当时的中国文化部、我驻芬兰大使馆和中外文化交流中心对芬方的提议给予了高度的赞赏和积极的配合。双方很快签署了合作协议并开始付诸实施。中芬两国领导人对赫尔辛基艺术节中国主宾国活动都高度重视。在2014年3月海牙核安全峰会期间，习近平主席与芬兰总统尼尼斯托会见时，特别提到双方要合作办好赫尔辛基艺术节中国主宾国项目。在这之后的两国高层互访中，双方又多次表达合作意愿。为了确保主宾国项目圆满成功，两国主管部门和相关机构各自成立了筹备小组，周密策划活动方案，认真落实实施计划，积极争取双赢效果。在为期一年半的筹备过程中，双方工作组配合默契，相互信任，行动高效，筹备工作进展顺利，在节目选择、演出程序、费用分摊、广告宣传和礼宾安排等方面均取得完全一致，达到了双方满意的结果，成为中芬文化交流与合作的一段佳话。特别值得一提的是时任赫尔辛基艺术节总监埃里克·索德尔布勒姆先生，他热爱中国文化，在决策和实施主宾国项目过程中发挥了关键作用。在筹备主宾国活动过程中，索德尔布勒姆先生不辞辛苦，多次访华，商讨计划、确定项目、落实经费，同中方同事建立了深厚的友情。

在双方共同努力下，赫尔辛基艺术节中国主宾国活动取得圆满成功。索德尔布勒姆先生对主宾国活动的成功举办表示由衷的高兴和满意，称这是他作为艺术节总监最成功的一届。参加艺术节的中国的艺术家们为能在赫尔辛基艺术节这样高水平的国际艺术平台上表演和参展感到荣幸，并对艺术节的周到安排和接待，以及芬兰观众的友好和热情留下深刻印象和美好回忆。

赫尔辛基艺术节中国主宾国活动把中芬文化交流推向了新高潮。在这一文化盛事成功举办五周年之际，应该特别感谢那些为主宾国活动作出重要贡献的中芬两国的朋友们，没有他们的努力，主宾国活动难以成功。

三、结语

赫尔辛基春节庙会和赫尔辛基艺术节中国主宾国活动是近 70 年来中芬文化交流的结晶和成功范例，是两国几代友好人士共同努力的结果，对今后两国文化关系的发展有着积极的影响。随着中芬建交 70 周年的到来，相信两国文化交流会更广泛，更深入，会推出更多更好的项目，会有越来越多的人参与到双边文化交流活动中来，从而推动两国文化关系不断向前发展，增进两国人民之间的了解和友谊。这也是我衷心的期盼。

上海世界博览会
——中芬合作的推进器

傅明睿（芬中协会主席，芬兰前驻华使馆文化参赞）

2010年，世界博览会在上海举办，包括芬兰在内共190个国家参加，其中40个国家拥有自己的国家展览馆。这是中国乃至世界的一大盛事，人少的时候有20万参观者，而到了热闹的时候则会有上百万人参观。芬兰在上海世博会的参会主题是：福祉、技能和环境。这些主题在芬兰馆"冰壶"上体现得淋漓尽致。"冰壶"的灵感来源于芬兰的自然环境，即水波环绕的岛屿以及在冰河时期形成的"瓯穴"。芬兰馆的设计出自特姆·库尔凯拉（Teemu Kurkela）带领的颇具天赋的JKMM建筑设计工作室。

芬兰馆"冰壶"于细微处展示芬兰，中国及别国游客能够由此看到、体验到芬兰人如何建造可持续发展的城市。正如在芬兰社会一样，在"冰壶"中，创新、高科技和芬兰文化形成了一个整体，一个宜居的社会。

芬兰馆的不对称设计，是通过3D模型技术在电脑上设计出来的。细节的设计和建设是由中芬两国的团队密切合作完成的。

在建筑材料和建筑方式的选择上，是以二氧化碳排放量最小化为考量标准的。这一点在上海世博会后的十年，获得了超出其本身含义的全新意义。

上海世博会芬兰馆"冰壶"

　　在展馆建设的全过程中，建造材料的再利用和循环回收实现最大化。最可以体现这一点的例子，是"冰壶"的外墙都是用鳞片般的板材覆盖的。鳞片板是由纸和塑料的混合材料制成的，而这些都是造纸行业的废弃物。从直梯、扶梯到通信设备等，展馆里处处展现了芬兰顶尖技能和高科技。

　　芬兰馆在世博会的半年展期内吸引了 570 万游客，这比芬兰自身的人口总数还要多。这样的访客数量意味着平均每天有 32000 位游客来参观。因此，芬兰馆在世博会结束时被评选为中型展馆组中的最优设计就不奇怪了。

　　"冰壶"展馆成功的原因不仅在于庞大的游客数量，还在于进出展馆通道的设计以人为本，以芬兰化的方式设计，游客们就不需要在上海灼热的夏季苦苦排队数小时才能进入馆内。

很明显，2010 年的世博会为日后中芬之间的交流奠定了基础。这首先是在芬兰馆内实现的。在"冰壶"展馆二层，有一个 1000 平方米大小的展览描绘了芬兰人一方面实现科技创新，另一方面又能与大自然和谐共处的生活画面。这一图景着实打动了参观展馆的中国游客。

展馆内的纪念品商店也未受到冷落。在世博会展期内，仅 50 平方米的商店获得了将近 300 万欧元的营收，位居整个世博会的第二名。而第一名则是出售钻石等商品的比利时展馆。有时候芬兰参展团甚至担心，这样卖下去，芬兰的驯鹿可能会灭绝，因为有一个顾客一次性买了 10 张价格约 200 欧元的驯鹿皮。

参加上海世博会也使芬兰获得了更多的关注。每个参加世博会的国家在国家主题日那天都有机会站在聚光灯下。其间，芬兰共和国总统塔里娅·哈洛宁（Tarja Halonen）对上海和世博会进行了访问。

芬兰在国家主题日当天的活动是多种多样的。最引人注目的是在上海世博会欧洲广场上举办的芬兰金属乐队的游行。虽然金属音乐未曾也不可能成为中国音乐的主流，但是在中国，任何小的比例算出的绝对数字都是巨大的。根据上海世博会主办方提供的数据，前往欧洲广场观赏芬兰金属音乐表演的超过 2 万人，而其中大多数都是年轻人。

芬兰日的广告宣传非同寻常：在上海的出租车后座的广告屏投放幽默的动画短片。在中国很多大城市，交通拥堵和在出租车后座长时间等待成了数百万中国人的家常便饭，因此人们可以在倾听风趣幽默的动漫小猴子讲述芬兰的故事时感到更加轻松愉快。

这从侧面体现出当今中国科技的发展，特别是数字通信的发展。至少在十年之前，出租车后座的电子广告在上海已经成为寻常之事。其后，社交媒体和其他数字通信方式的发展更进一步加速了中国的发展，芬兰也只能紧步追上。

芬兰馆展览

鉴于前面所述，接下来的进展也许是个奇迹，因为后来有成批的芬兰金属乐队到访中国，而中国游客也成为来芬兰的国际游客中消费最多的群体。上海世博会后在芬兰驻上海总领馆申请签证的人数比以前增长好几成，来芬的中国游客数量与前十年相比也上升到一个新的水平。两国间航班的增加大大促进了芬兰旅游业的发展。

当然芬兰"冰壶"展馆及其周边也为我们两国之间不断发展的合作开辟了其他类型的联系渠道。最关键的地方是在展馆的三层，参与芬兰项目的80多家公司在那里为中国客户以及其他合作伙伴安排了丰富多彩的活动。

典型的贵宾活动包括研讨会、正式会议及其他相应的活动、午餐或晚餐，以及桑拿浴！在正式活动部分，芬兰和中国方面会展示他们各自所长及合作项目。用餐时，中方客人得以品尝芬兰大厨制作的芬兰美食，而桑拿则是所有活动的顶峰。

芬兰馆桑拿浴

有什么邀请可以比应邀去与芬兰人一起洗桑拿更加个性化？中国人通常在餐桌上建立和加强彼此间重要和紧密的关系，而芬兰人则在桑拿房里这样做，如果被邀请的客人敢于接受邀请的话。在世博会期间确实有很多中国人应邀共赴桑拿，这肯定在他们的记忆中留下了不可磨灭的印记，并且为日后中芬之间的合作打下了基础。同时媒体还发表了不少关于建在上海世博会场馆中央的芬兰馆桑拿的报道，这在总体上又进一步提升了中国人对作为桑拿圣地的芬兰和芬兰文化的兴趣。

上海世博会的规模体量庞大，为中国人和芬兰人之间的接触与交流提供了前所未有的平台。毫不夸张地说，无人知晓中芬两国之间有多少友谊与合作以及其他联系是在这期间建立的，但是数字肯定特别大。

其中一个例子说明了芬兰式的接近方式，这就是"Aalto on Tracks"项目，阿尔托大学约100名大学生乘坐火车从芬兰横跨俄罗斯来到上海。这样的交流方式是包容、开放和前瞻的。在未来的数十年里仍然需要这样的交流方式，以使中芬之间的联系更加强劲、富有活力。

看中华古老文明拥抱北欧千湖之国
——中芬教育合作与交流二三事

宗钢（中国前驻芬兰使馆一秘、教育组负责人）

2008 年，中国在成功举办奥运会之后，全国上下都在积极准备隆重纪念改革开放 30 周年。举世瞩目的中国改革开放中一个最耀眼的成就就是教育的对外开放和交流。当时，在芬兰留学的中国学者和学生们积极组织起来，倡导并出版了《芬兰印象——改革开放 30 周年留学芬兰文集》一书。时任驻芬兰大使马克卿亲自为该书写了序言。马克卿大使在序言里说，"经贸合作着眼于今天，科技合作着眼于明天，而教育文化交流则着眼于后天。""留学生就是双方交流的一座桥梁，他们促进了中芬两国经济、教育和文化的相互沟通。"

下面我就中芬教育合作与交流方面讲几件我亲身经历的事情。

一、美湾学校——芬兰第一所 中芬双语学校的诞生

2008 年 11 月下旬的一天上午，我正在办公室撰写一篇调研报告，这时罕见地接到教育部国际司一个电话，询问《人民日报》（海外版）稿费送到了教育部，应该如何处置。原来这是一篇我以"莫明"为笔名

撰写的关于芬兰赫尔辛基美湾学校学习汉语的师生来使馆参加"中国使馆开放日"的新闻稿。最初稿子的标题是《雏燕纷飞终有时》，主要介绍美湾学校学中文的学生们利用课余时间参加使馆开放日的专题活动。稿子投稿前，马克卿大使亲笔将标题里的"终有时"改为"待明朝"，使文章标题更加醒目，与内容更加贴切。就这样，《雏燕纷飞待明朝——记中国驻芬兰大使馆向中芬双语学校学生开放日》新闻稿通过《人民日报》（海外版）向全球介绍了美湾学校开展汉语教学的活动，获得了很好的影响和关注。

美湾学校是赫尔辛基市一所包括小学和初中的综合学校。美湾学校能够成为芬兰第一所开展中芬双语教学的学校，得益于芬兰前总理阿霍先生的提议，中国大使馆的大力推动，以及中国国家汉办、赫尔辛基市政府和北京市教育委员会的紧密合作。2008年，美湾学校中芬双语教学正式开课，授课对象为该校从小学一年级到初中三年级的在校学生。学校为开办汉语课程举行了专门的开学仪式，芬兰教育部长萨丽·萨尔科马、中国驻芬兰大使马克卿、芬兰国家创新基金会总裁阿霍（前总理）以及北京市教育委员会代表等出席仪式并发表了致辞。目前，该校的汉语教学工作进展顺利，中芬双语教学课程取得很大的成功，不仅对当地推广汉语教学产生了积极影响，还对中芬经贸、文化往来沟通等友好合作培养和储备了人才，被《光明日报》称为"中芬文化交融的摇篮"。

饮水不忘掘井人。美湾学校的成功离不开当年芬兰教育部长萨尔科马、马克卿大使、前总理阿霍以及使馆政务参赞倪晓京、文化参赞吴世广等各方人士的大力倡导和鼎力支持，离不开北京市、赫尔辛基市教育主管部门的指导和帮助，能够成功办学更是美湾学校和北京育才学校两校密切配合的结果。

二、芬兰罗素高中与中国人大附中、北大附中交往的故事

2007 年 3 月，在我即将离开北京赴驻芬兰使馆上任之际，时任教育部副部长李卫红亲切地询问了我的上任准备工作等有关事宜。在交谈中，她回忆了陪同陈至立同志（时任教育部长）访问芬兰的经历。在她的印象中，芬兰高中教学有独到之处，赫尔辛基罗素高中有些办学经验和方法值得中方学习和借鉴。来到赫尔辛基以后，我和罗素高中有了许多交流机会，也和罗素高中的阿里·霍维宁校长等成了很好的朋友。在相互交往中，我了解到许多芬兰人独有的内在性格和特点，看到了罗素高中更深层次的办学过程。阿里·霍维宁自 2000 年 5 月担任罗素高中校长迄今已经长达 20 年之久。他为人谦和，深谙高中办学与教育国际交流的精髓。在长期担任芬兰最著名高中的校长的同时，他还担任着芬兰几所著名大学（赫尔辛基大学、图尔库大学、东芬兰大学等）师范学院的硕士生导师。在他的职业生涯中，罗素高中因在"经济合作与发展组织"的学生评估项目 PISA 的比赛中获得优异成绩而声名远扬。阿里·霍维宁对华友好，在其担任芬兰国家教育署"中芬高中合作项目"负责人期间，芬兰高中同人大附中、北大附中等一些国内著名高中开展了富有成效的合作。芬兰高中的办学经验为中国高中课改和办学体制改革提供了很好的帮助和参考。

罗素高中坐落于赫尔辛基市中心，门前是芬兰民族史诗《卡勒瓦拉》作者的雕像。从作者栩栩如生的深邃目光里，参观者可以想象出《卡勒瓦拉》所展现的恢宏场景。这座雕像也是到访的中国教育工作者和学生们参观罗素中学留影的必到之处。有一次阿里·霍维宁做客使馆教育组，谈到他为何要加强同中国高中的交流合作的初衷。在他主管高中国际学校（IB）时，数学教学始终未能取得很好的进展，数学成为学校教学中

2010 年 7 月，为纪念中芬建交六十周年，天津与图尔库结成
姐妹城市十周年，中国留学生参加年度图尔库马拉松比赛。

的薄弱环节。后来，经人推荐，罗素高中聘用了来自中国的女教师。自
此，罗素 IB 学校的数学就成了其成功办学的"独门暗器"，无论是哪
类数学竞赛，包括国际奥数比赛，罗素高中都能取得非常出色的成绩。

"无班级授课制"是罗素高中办学的突出特点。在 PISA 风行全球
时，阿里·霍维宁校长多次访问中国，参加形形色色的高中国际教育研
讨会，每每都会被问到这项教学方法。我在芬兰工作期间，中国素质教
育最早的倡导者之一、教育部原副部长柳斌，也曾专门问到此事。后来
我曾在一份调研报告中介绍了罗素高中推行"无班级授课制"的做法和
这项教学改革措施的几个特点。芬兰自 20 世纪 80 年代开始试行、21
世纪全面实施这项高中办学的改革措施，旨在鼓励学生按爱好选择课程

2017 年，芬兰教育文化部部长拉森宁女士（Sanni Grahn-Laasonen）在北京师范大学出席中芬教育研究中心活动。

和教师，使学习成为一种自觉行为，从而提高学生的综合素质和主动学习能力。围绕这项改革，芬兰高中在学制、课程、管理、教师和评价等各个方面都做出了重大的变动。目前中国示范性高中试行的"高中新课程学分管理"的具体实施也相应借鉴了芬兰的经验和做法。

谈到罗素高中，还要谈谈福乐球运动。福乐球也称地板球（Floorball），在欧洲开展得比较好的国家有芬兰、瑞典、瑞士和捷克等。据有关资料介绍，中国最早引入福乐球的城市是北京，北大附中通过和芬兰罗素高中的交流合作将福乐球引入北大附中，并开设了选修课。2007 年，在北欧体育的赞助下，北京大学、清华大学等中国高校开设了福乐球选修课程，得到师生们的普遍称赞。阿里·霍维宁对这一点津津乐道，他说，北京学生到芬兰交流展现出惊人的多才多艺，不仅能歌善舞，而且书法、绘画等远远超出芬兰学生，给芬兰学生带来很大压力。芬兰老师们反复研究后，提出将福乐球带进中芬学生交流，既可以丰富两国学生交流的活动内容，也可以使芬兰学生表演不再尴尬。令人高兴的是，这项运动简单易学，深受学生们的欢迎。福乐球简单说就是在陆地上打冰球，因为冰球在北欧非常普及且深受欢迎，所以福乐球也十分容易推广。在我们迎接北京 2022 年冬奥会之际，学校在推广冰雪运动的同时，不妨将福乐球作为一项不错的冰雪运动辅助选项。

三、芬兰高等教育和科研的优势

地处北欧的芬兰，究竟在高等教育和科研方面有哪些优势能吸引中国留学人员呢？人们通常会说，森林产业、造纸、数学、计算机科学、现代生物技术、医学、电子通信产业、清洁技术等是芬兰的优秀专业领域。其实远不止于此。国际足球巨星贝克汉姆曾因为脚踝受伤专门选择到芬兰图尔库大学医院做手术；当今全球糖尿病人不可或缺的木糖醇是芬兰人发明的；人们走进赫尔辛基大学计算机机房时，可以看到计算机屏幕上滚动出现的"linux 系统从这里诞生"；有"改写数学"美誉之称的现代数学大师奈望林纳诞生在芬兰；还有曾经风靡全球的诺基亚，以及北欧设计之父阿尔托等。正是这些产业和研究成果吸引着成千上万的中国学子前往芬兰。此外，芬兰还一直在传统的支柱产业，如森林与木材加工、金属与机械制造，以科技为导向不断实现产业结构的调整。如在国家的支柱产业森林工业方面，芬兰先后融合运用电子信息、生物化学、机械制造、建筑与建筑材料等产业的最新科技，在森林遥感与监测、纸浆生产与造纸、森林工程机械设备、新型木质建材与建筑等技术领域连

1998年，中国留学人员戴玉成教授（前排右二）
参加赫尔辛基大学芬兰森林大型真菌考察。

续开发出世界最新技术和产品，使国家支柱产业的地位得到巩固和加强。

中国的留学人员虚心向芬兰同行学习，并注重相互的交流借鉴，普遍受到芬兰导师和合作者的好评，学有所成。

1981年，全国政协前副主席罗富和曾在芬兰留学，经过辛勤努力，获得了赫尔辛基大学硕士学位。一次有幸见到罗富和副主席，谈到留学芬兰时，他深情回忆了在赫尔辛基大学的留学经历，当时的条件比起现在的留学生来要艰苦得多。历经多年学习、工作，这位留学芬兰的老兵成为共和国的栋梁之才。

芬兰华人科学家张霞昌博士是留学芬兰的学子中另外一颗璀璨的明星。他被誉为世界纸质电池之父并因这项重大发明荣获"2006年影响世界华人大奖"。张霞昌 1989 年自费赴芬兰赫尔辛基工业大学攻读化工博士学位，开始生物燃料电池的研究。最终其研究成果纸质电池被美国《时代》周刊评为 2006 年八大最佳创新技术之一，获得达沃斯世界经济论坛"2007 年科技先锋奖"。

曾担任在芬兰的国家公派留学生会负责人的邱玉宝博士，在芬兰学习过程中打下了坚实的基础。他曾被派任国际组织"地球观测组织"（GEO）日内瓦秘书处，负责全球空间数据共享、全球寒区监测计划（GEOCRI）等国际重大合作项目。他推动并在芬兰设立了"北极观测联合研究中心"（JRC-AO），并担任北极观测联合研究办公室负责人，在芬兰北极空间中心先后完成了冰雪观测、北极空间数据服务等开拓性工作。

司书宾博士曾在 2007 年留学芬兰，目前担任西北工业大学教授、博士生导师。他所从事的系统可靠性优化与评估等先进研究成果被应用于我国航空发动机的优化和可靠性评估方面，不仅降低了航空发动机的生产成本，提高了发动机的安全性，还有效地提高了航空发动机的使用年限。

四、赫尔辛基大学孔子学院与中国的芬兰语教学

2006 年 9 月，温家宝总理访问芬兰期间，同芬兰总理万哈宁共同决定建立赫尔辛基大学孔子学院并出席建设孔子学院意向书的签字仪式。2007 年 9 月，赫尔辛基大学孔子学院投入运行，芬兰汉学家高歌出任首任芬方院长。2007 年 10 月 5 日，赫尔辛基大学正式举行"赫尔辛基大学孔子学院开馆暨赠书仪式"。芬兰教育部国务秘书约翰逊，中国驻芬兰大使马克卿，以及赫尔辛基大学校长、中国人民大学校长等出席仪式并发表致辞。

2008 年 3 月，中国留学生邱玉宝在芬兰北极空间中心同芬兰指导教授开展积雪辐射测量、调试设备的工作。

赫尔辛基大学孔子学院成为芬兰人学习汉语、了解中国文化的一个重要平台，成立至今，已经培养毕业生近万人，目前在校学生数达 631 人。

在中国，芬兰语教学从无到有，从小到大。近几十年，特别是 2002 年北京外国语大学正式成立芬兰语专业后，芬兰语教学在中国得到了迅速发展。

芬兰语属于乌拉尔语系，与拉丁语系有着很大的不同。据有关研究，芬兰语在全世界所有主要语言难度排行中排在第六位。

20 世纪 50 年代以来，中国向芬兰派遣了多批次留学生或学习员。2002 年北京外国语大学创建芬兰语专业后，开始选派有一定基础的芬兰语专业学生到芬兰进一步深造。出国学习是中国培养芬兰语人才的重

2017 年，北京师范大学、坦佩雷大学领导出席中芬高等教育研究中心挂牌仪式。

要渠道，同时也为中国芬兰语教学打下了很好的基础。学成回国的芬兰语任课教师兢兢业业，克服各种困难完成教学任务，取得了丰硕的成果。截至目前，北京外国语大学芬兰语专业共培养了四批本科生，每批人数分别是 24 人、24 人、16 人、24 人。他们活跃在中芬两国交流与合作的各个岗位上，发挥着桥梁和纽带作用。令人欣喜的是，除北京外国语大学外，天津外国语大学 2017 年也开办了芬兰语专业。

谈到芬兰语，我这里还要特别介绍一下芬兰语的前辈、前驻芬兰使馆文化参赞石敬励。他早年在芬兰学习芬兰语，后在驻芬兰使馆工作，前后达 20 年。他的整个文化外交生涯都是与芬兰联系在一起的。为了满足国人了解芬兰之需，他编写了"芬兰文化概览"。退休之后，他仍笔耕不辍。鉴于迄今没有系统的芬中词典，给学习芬兰语带来很多困难，他迎难而上，相继整理编辑了《芬中分类词汇汇编》和袖珍本《芬中小词典》（已由商务印书馆立项，即将出版）。更难能可贵的是，由芬兰－中国友好协会推荐并征得芬方同意，之后列入两国文化交流项目，他以芬兰《现代芬兰语词典》为蓝本，参阅芬英、芬俄大词典，编译了《芬中大词典》。这个浩瀚的工程，用了他整整 7 年的时间，目前尚在校对中。石敬励曾感慨地说，他与芬兰结下了情缘，"我始终有个愿望，就是做中芬两国和两国人民之间友谊桥梁上的一枚螺丝钉。我愿用我好不容易通过磨炼得来的芬兰语知识技能，为两国和两国人民之间的友谊效力、服务。"我认为，他以实际行动践行了他的诺言。

五、结束语

在芬兰使馆工作期间，我曾多次陪同马克卿大使到芬兰大学考察演讲。马大使在赫尔辛基大学举办的一次国际研讨会上曾说，"有很多芬兰人问我，中国人是否了解芬兰？我的回答是既了解，又不太了解。说了解，是因为芬兰在中国的知名度比较高，超出了她自身的国家体量。说不太了解，是因为大多数中国人对芬兰的了解还仅仅停留在诺基亚手机、圣诞老人和桑拿浴上。而芬兰人对中国古老文化、历史，特别是对中国的发展现状的了解，恐怕也是表面的和抽象的。在增进中芬两国人民了解方面，我们双方还有很多的工作要做。"

值此中芬两国建交 70 周年之际，我谨以此作为文章的结尾。衷心期盼中芬两国在教育等各领域的交流和友好交往不断发展，以进一步增进两国和两国人民之间的了解和友谊，促进两国在各领域的互利合作，造福于两国人民。

我和我的芬兰朋友

余志远（北京外国语大学芬兰语教授）

我与芬兰朋友的交往从 20 世纪 50 年代末就开始了。那时我是中国首批赴芬的留学生，在芬兰赫尔辛基大学学习芬兰语言与文化。21 世纪初，北京外国语大学开设芬兰语专业，我是第一位芬兰语教师，后来我又集中精力从事芬兰文学翻译。60 多年来，我在学习和工作中结识了许多芬兰朋友，每当我遇到困难的时候，他们总是毫不犹豫地鼎力相助，我一直铭记于心。

一、留芬两年

20 世纪 50 年代，新中国百废待兴，各项建设事业需要发展，需要有专业知识和技能的人才。当时国家选派了一大批优秀青年远赴苏联和东欧等国留学，向与中国建交的芬兰等北欧国家也选派了少量的留学生，我就是其中的一员。

1957 年，中国以赛福鼎副委员长为首的全国人大代表团对芬兰进行访问，会见了芬总统、议长和总理，签订了中芬文化协定，决定中芬互派两名留学生到对方国家学习二年。北京外国语大学英语系从当时英语专业毕业生中选拔了我和孙伯镛。那时我对芬兰知之甚少，连一个芬兰语字母都不认识，只知道芬兰是个遥远的国家，冬季漫长寒冷。但我

1959 年在芬兰留学时与芬兰大学生在一起，右二为孙伯镛。

欣然接受了学校的安排，踏上了留芬学习芬兰语之旅。

1958 年 3 月初，我和孙伯镛从北京乘国际列车从满州里出境，穿过俄罗斯的西伯利亚到达莫斯科，全程大约六天六夜，然后在莫斯科休整两天换乘开往芬兰赫尔辛基的火车。3 月初的北京已是春暖花开。到了赫尔辛基，我们发现马路两旁仍是一堆堆白雪，在阳光下闪闪发光，这跟北京真是天壤之别，但我们却满怀激情，迎接新的学习任务。

我和孙伯镛在赫尔辛基大学正式注册，开始芬兰语的学习。赫大校长接见了我们，芬中友好协会为我们举行了欢迎招待会。除了赫大为外国留学生开设的芬兰语强化班以外，使馆还为我们两人聘请了家庭教师，每周来为我们授课。家庭教师是一位退休中学语文老师，他特别精通芬兰文学。他用芬兰小学语文教科书作为我们的芬兰语教材，里面有安徒生童话和芬兰民族史诗《卡勒瓦拉》的故事，还有几篇芬兰作家尤哈尼·阿

霍的短篇小说。我印象最深的是阿霍的《兔子与夏天》。老师非常推崇
阿霍的作品，他说阿霍描写的是芬兰普通人的生活。他又说，在阿霍笔
下，自然是与人的活动结合在一起的，阿霍通过描写自然来提高芬兰人
民的民族感情和爱国情怀。这使我一下子就喜欢上了阿霍的作品。当时
我就暗下决心，好好读读阿霍的作品，回国后一定要把他的作品翻译成
中文介绍给中国读者，可以说，这成了我的梦想。

留芬期间，我们的学习热情高涨，进步神速，三个月之后便能阅读
当地报纸的新闻。经过一年的学习，我们已经掌握全部语法和基础词汇，
第二年就开始选修赫大开设的文学、文化、历史类课程。1960 年 2 月，
我们完成学业如期回国。

二、储备四十年

回国后我被调入北京外国语大学。当时芬兰语专业并未成立，因此
在英语系的安排下，我参加了英语专业师资班学习，准备当一名英语教
师。1961 年初，英语系又让我在高年级开设芬兰语二外，每周 4 个课时。
当时的情况下，我们没有条件直接引进国外的原版教材，必须从零开始
自己编写。我把英语系基础阶段的课本译成芬兰语，作为芬兰语二外的
教材。

我对编写芬兰语二外教材真是又喜又忧，喜的是我学了芬兰语现在
有用武之地了，忧的是在编写过程中，如果遇到语言方面的问题我该向
谁请教呢？

幸运的是，1961 年 9 月，芬兰留学生 Kirsti Ryynänen 来北京大
学学习中文。我认识她，她曾在中国驻芬兰大使馆当过英语翻译。于是，
我每两周就去北大找她翻译课文、编写对话，同时还请她答疑解惑。两

年时间我们共同编写了 24 篇课文及语法, 终于圆满地完成了教学任务。Kirsti 每次都很热情地接待我, 仔细地修改我编写的教材, 有时我也帮她解决她在学习汉语中遇到的问题。我们是互帮互学, 共同进步。

当时还有一位常住北京的芬兰人 Armi Rautio Lin, 她丈夫林宗基是北师大心理学教授, 有两个儿子 Mikko 和 Antti。我可以与她用芬兰语交谈。1963 年根据芬兰作家明娜·康特同名小说改编的电影《根据法律》在北京上映, 我在 Armi 的帮助下, 将《根据法律》译成中文, 这是我第一次进行芬兰文学翻译。1976 年, 《人民画报》复刊后, 发往芬兰的英文版《人民画报》配有芬兰语解说词, 是由 Armi 从英文翻译而成, 而我帮她校对。

20 世纪 70 年代末, Armi 全家移居芬兰。时隔 20 多年后, 我们有机会再次重逢。2004 年 7 月, 我和我夫人应邀参加芬兰国际交流中心 (CIMO) 在图尔库举办的海外芬语教学研讨会, 我们在赫尔辛基与 Armi 和林宗基欢聚过一次。

那是 7 月下旬的一天, 我们约定午后两点在赫尔辛基市中心农贸市场广场见面。我们当时住的旅店是在哈卡涅米市场北坡上, 从那里往下沿着 Unioninkatu 穿过赫尔辛基大教堂广场, 步行约 20 分钟, 就到了农贸市场广场。当我举目四处寻找时, 一下子就看见汽车道旁的人行道上有两位老人正在向我们招手, 每人手里都拿着两根户外步行手杖。这不就是 Armi 和林宗基吗? 他们已经快 90 岁了, 但看起来仍然精神矍铄, 说话时铿锵有力。他们买了 Sunlines 观光轮船票, 请我们乘船游览赫尔辛基周边群岛的景色。我记得, 那天是星期日, 虽然我们是在市中心, 周围却很宁静。当我们四人见面时, 大家好像打开了话匣子, 你一言我一语说个不停。坐在观光船上时, 我发现周围的游客不时地把目光投向我们, 我觉得也许他们感到有点儿诧异: 三个中国人和一个芬兰人, 谈得如此融洽, 而且还是用芬兰语。一个半小时后观光船回到了农贸市场码头，下船后我们仍然依依不舍，一起步行到中心火车站广场。最后我们在那里分手，告别时互相热情地握手拥抱，那时的情景依然历历在目。

三、芬兰语教学五年

2001 年 6 月，应芬兰教育部部长玛依娅·拉斯克（Maija-Liisa Rask）的邀请，中国教育部部长陈至立率中国教育代表团首次访芬。访问期间，芬兰议长丽塔·沃苏凯宁（Riitta Uosukainen）建议在中国的大学开设芬兰语课程。后来教育部决定由北京外国语大学开设芬兰语专业。

2001 年 10 月，我接到北外校长陈乃芳的电话，请我筹建芬兰语专业，主持首届芬兰语班的教学。我当然欣然同意，我的内心深处一直期待着这一天的到来，现在我的心愿终于可以实现了。2002 年 7 月，芬兰语开班之前，我赴芬兰参加 CIMO 与于韦斯屈莱大学语言中心共同举办的芬兰语暑期进修班。

对我来说，参加这个芬兰语班的学习是个很大的挑战，因为这是 CIMO 组织的芬兰语暑期班中水平最高的班（Suomen kielen ja kulttuurin kansainvälinen kurssi IV，芬兰语言与文化国际进修班 IV），而我从 20 世纪 80 年代算起有 20 多年没有接触芬兰语了，而且我已经 60 多岁，我担心跟不上这个班的学习。7 月 21 日我到于韦斯屈莱大学校区报到，但我不知道报到的具体时间和地点。我拉着旅行箱在校园里走来走去，一筹莫展。突然一辆小汽车在我身旁停了下来，一个人探出头来问我要去哪里。我用芬兰语说我要去学校报到，他一听我会说芬兰语特别高兴。他说今天是星期日，学校里没人，他可以送我到附近的旅馆过夜，明天一早来接我并送我到暑期班报到。

开学后第一天晚上，因为几天来旅途的劳累加上开班第一天满满的教学活动，我感到非常紧张。那天晚上睡到半夜我突然惊醒，感到头晕。第二天一早我勉强走到教学楼前，在长椅上坐着歇息。Mirja 老师见到我，问我怎么样，我说有点儿不舒服。老师听后立即打电话叫来一辆汽车，把我送到附近的医疗中心。经过医疗中心医生的检查、护理和休息，我的身体很快就恢复了。

这次暑期进修班的学员大多是来自匈牙利和爱沙尼亚的大学生，都是 20 多岁的年轻人。我跟他们一起从头到尾参加了所有的教学活动。口语课上，我用芬兰语介绍中国汉语的特点，得到老师的好评。在告别晚会上，我用芬兰语讲述我参加暑期进修班的体会和收获。我与班上其他学员一样最后也拿到了暑期进修班结业证书。

此后，我又结识了许多芬兰朋友，特别是 CIMO 聘请来北外芬兰语班教学的芬兰专家，Jussi Vuori，Päivi Lehtinen，Risto Koivisto 和 Pirkko Luoma。他们跟我此前结识的芬兰人一样，纯朴友好，乐于助人。

Jussi Vuori 是北京外国语大学首届芬兰语班第一位芬兰专家，他 1978 年曾在北京语言大学学过汉语，通晓中国语言和文化。2002 年来北京外国语大学执教，对他来说是旧地重游。8 月底的一天，我到首都机场接他来校。沿途，他不止一次地感叹道：北京的变化真大啊！Jussi 后来在 2004 年出版的芬中友协刊物上这样写道："24 年前我在北京马路上看到的是成群结队的自行车、旧式公共汽车和各种卡车，还有装满货物的马拉或驴拉平板车，偶尔也有小轿车驶过，但寥寥无几。而现在呢？牲畜拉的车辆都已销声匿迹，现在的北京跟世界上其他现代化大城市一样，路上都是川流不息的汽车，有时还出现拥堵。"

2002 年，首届芬兰语班的同学们与芬兰专家
Jussi 在北外大门前合影。

Jussi 精通多种语言，他深知学习外语必须要多说多练，所以他一开始就强调"练"字当头，在短短的两个月后学生都能用芬兰语进行简单的对话，发音都很清楚正确。

2002 年 11 月 1 日，为庆祝北外芬兰语开办，芬兰驻华大使巴鑫在官邸举行招待会，陈乃芳校长和芬兰语专业师生应邀出席。学生们用精心准备的芬兰语节目震惊了全场。11 月 28 日，芬兰总统塔利娅·哈洛宁（Tarja Halonen）访华期间，哈洛宁丈夫彭蒂·阿拉耶尔维（Pentti Alajärvi）博士专程访问北外，与芬兰语专业学生亲切交流。芬兰语专业的同学也献上了精彩的表演。

2003 年 9 月，北外芬兰语班迎来了第二位芬兰专家 Päivi Lehtinen。她认真负责，性格直率，为芬兰语班办了不少实事。我清楚地记得，2004 年夏我和芬兰语班 14 个学生一起赴芬参加 CIMO 为外国留学生举办的暑期进修班和其他学术交流活动，Päivi 和她的丈夫

2004 年，余志远夫妇、Päivi 和芬语班学生拜访芬中协会。

Seppo 不辞劳苦，为我们安排各种活动，帮我们解决了很多困难。学生从北京乘芬航抵达赫尔辛基万塔机场，Päivi 和 Seppo 开着一辆小面包车来接。大家从机场走出来见到 Päivi 和 Seppo 时都高兴得跳了起来。从机场到市区的路上，他们还顺便带学生参观了一个农场，这真是见缝插针，随时随地创造条件让学生更多地了解芬兰。

在赫尔辛基期间，Päivi 组织学生参观芬中友好协会。友协秘书长向我们介绍了友协成立的历史以及友协开展芬中友好活动的情况。当得知我是中国首批赴芬留学生、1958 年曾来过芬中友协参观时，他立即从档案室找到了我和孙伯镛的照片。这张照片是我们 1958 年参观芬中友协时拍的，后来刊登在当年《中国 / Kiina》杂志上。大家都饶有兴趣地抢着看这张照片，感慨不已。

我和我夫人在赫尔辛基停留时，Päivi 差不多每天驱车带我们游览赫尔辛基市内及其周边的旅游景点。她还特地带我们到 Otaniemi，因为 1958 年我初到赫尔辛基时就住在那里。旧地重游，留芬时的情景又浮现在我的脑海里。

Päivi 和 Seppo 还带我们到赫尔辛基郊外野餐。那天我们先爬上一座小山，下山后来到一片沼泽地。再往前走，一片湖水就突然出现在我们眼前。湖的周围有好几棵粗大的云杉树，湖面上浮着几根云杉树树干，树枝长得快要碰到湖底。湖区周围万籁俱寂，只有我们讲话或偶尔鸟啼的声音。我感到惊讶，离市区不到 20 公里就有这样安静的地方。我要感谢 Päivi，由于她的安排我才有机会亲自领略芬兰自然环境这一特点，而体会到这一点对我今后阅读翻译芬兰文学有很大的帮助，因为芬兰文学作品几乎每篇都离不开对自然的描述。

Risto Koivisto 是我们的第三任芬兰专家。他在芬兰语专业执教了 5 年，所以他跟我们的关系非常密切，我从他那里也是获益良多。

我特别要提到的是 2006 年 6 月中旬，在首届芬兰语班即将毕业之际，为总结芬兰语教学经验，展示学习成果，推动中国对芬兰文化的研究，北外召开了第一届芬兰文化国际研讨会，CIMO 秘书长 Anna Maija Raanamo 和图尔库大学文学教授 Lea Rojola 出席。在研讨会上，部分学生宣读了自己的学士论文，展示了四年来的学习成果。这次研讨会开得很成功，与 Risto 一年多来讲授芬兰文学课是分不开的。

Risto 是 2005 年秋来到北外的，当时芬兰语班学生刚开始他们最后一年的学习。按教学计划，每个学生都要写学士论文。芬兰语班学生经过三年学习，在芬兰语方面打下了良好的基础，但要用芬语写毕业论文，仍有很大的难度。芬兰语专业成立不久，图书馆里有关芬兰的图书不多，学生很难查到写毕业论文的资料。因此，我和 Risto 决定开设芬兰文学课，学生写论文可以选某个芬兰作家的作品，就其中一段进行芬译汉，然后加上用芬语写的评论。这样做的结果证明切合实际，受到学生的欢迎。随着芬兰文学课的开设，班上很快掀起一股"芬兰文学热"，特别是明娜·康特的作品最受欢迎。Risto 的芬兰文学课和学生的毕业论文为 2006 年第一届芬兰文化国际研讨会打下了基础。后来，在 Risto 的帮助下，在学生学士论文的基础上，我和芬兰语班部分学生共同翻译了明娜·康特 14 篇作品，名为《明娜·康特作品选》，2007年于昆仑出版社正式出版。我在该书的前言中写道："在本书翻译过程中，芬兰专家 Risto Koivisto 自始至终与译者保持密切联系，热情地为译者释疑解难，可以这样说，如果没有他的帮助，我们要想真正理解明娜·康特的作品几乎是不可能的。"

2006 年夏，随着首届芬兰语班毕业，我也退休并离开了教学岗位。但我离而不休，开始了我的芬兰文学翻译生涯。

四、芬兰文学翻译十年

自 1958 年开始学习芬兰语，我就有了翻译芬兰文学作品的梦想。由于种种原因，这个梦想一直没能实现。2015 年北欧文学翻译国际研讨会上，我在专题发言时讲到，对我来说，从事芬兰文学翻译需要满足三个条件：一是精通芬兰语，二是充足的时间，三是芬兰人的帮助。2006 年我退休后这三个条件都具备了，特别是我有了芬兰专家朋友的帮助，他们随时随地都能帮我释疑解难。

首先我要提到的是 Risto。退休后，我和他仍然每周会面一次，每次都是两个多小时。我就一周中翻译时遇到的难点逐个向他请教，他总是很耐心地帮我解答。从 2007 年到 2010 年他离职回国为止，他对我的辅导从未间断过。后来他到别国任教，我们就通过电子邮件保持联系，他通过电子邮件解答我在翻译中遇到的问题。

余志远翻译的部分芬兰文学作品。

2007 年至 2011 年，在 Risto 的帮助下，我翻译了阿尔托·巴西林纳的《兔年》和《幸福男子》，弗兰斯·埃米尔·西伦佩的《神圣的贫困》以及阿历克西斯·基维的《库勒尔伏》和《荒原上的鞋匠》。2012 年《神圣的贫困》由中国青年出版社出版，2014 年该书被评为第六届鲁迅文学奖文学翻译奖提名作品。2014 年我还获得了中国翻译协会颁发的资深翻译家荣誉证书。

第二位帮我翻译芬兰文学作品的是 Pirkko Luoma，她于 2010 年秋来北外执教，2015 年离任回国。她也一样热情地帮我翻译芬兰文学作品。在 Luoma 任教期间，我翻译了萨拉·斯姆卡的现代白雪公主三部曲之《纯如白雪》和《暗如黑檀》，尤哈尼·阿霍的《铁路》和《尤哈》，索菲·奥克萨宁的《清洗》以及《芬兰短篇小说选集》。2017年《尤哈》由中国青年出版社出版，2018年该书被评为第七届鲁迅文学奖文学翻译奖提名作品。

作为中国首批赴芬留学生，我有幸在促进中芬文化交流方面做了一些工作。多年来，在学习、教学和文学翻译中，我与许多芬兰朋友保持了密切的交往，我不会忘记我们之间深厚的友谊。值此纪念中芬建交70周年之际，谨以此文表达我对他们的思念和感谢。

芬兰与中国文化交流的两个黄金时期

韦利·卢森堡（芬中协会前主席）

人们很容易产生这样的观念：事物都是呈线性发展的，时间上距当今越近的事物越优质、越先进、越丰富多样，不论是数量上还是内容上皆如此——但有时情况并非如此。比如，芬兰和中国文化交流在质量和数量上的两次黄金时期分别发生在 20 世纪 50 年代和 20 世纪 80 年代至 21 世纪初这一时段。第一个黄金时期在芬兰方面主要是由一些社会组织积极促成的，而第二个黄金时期则是基于芬兰与中国签订的文化交流协议（主要是在 1984—2009 年）。

20 世纪 50 年代，中芬关系的发展打开了局面，呈现广泛、迅速、多样化发展态势。当时中国文化的对外传播主要基于其自身文化遗产，而芬兰人对此很感兴趣。1961 年，芬兰－中国协会（简称"芬中协会"）对其在第一个十年间组织的活动做了总结："在 1951 年至 1960 年间，协会组织了 6 场艺术展览；47 场大型中国手工艺品展览和 41 场小型展览，共吸引了 216632 名参观者。协会组织了 255 场观影活动，还将中国电影外借给其他活动组织者，协同举办了 919 场观影活动，总观众数达到 106601 人次。其间有 21 个芬兰代表团访华，其中有 4 个文化代表团；27 个中国代表团访问芬兰。在芬中协会的组织协助下，1952 年，一支 39 人的中国杂技团在芬兰走访了 22 个地区，举办了 33 场演出；1955 年，一支 56 人的中国传统戏剧团走访了芬兰的 8 个地区，举办了 17 场演出，同年，协会派遣芬兰指挥家马尔蒂·西米莱（Martti Similä）前往中国指挥了上海交响乐团的西贝柳斯音乐会，首场音乐会是在作曲大师西贝柳斯诞辰 90 周年之际举行的，这可能是西贝柳斯的音乐首次在亚洲响起。1956 年，协会接受了中国音乐代表团的回访，访问期间，上海交响乐团指挥黄贻钧为赫尔辛基爱乐乐团的音乐会进行了指挥。同样，这也是中国指挥家首次指挥芬兰交响乐团。"

中国人民杂技团访问芬兰。

上文提到的 4 个芬兰访华文化代表团中，最为重要的是于 1953 年派往中国的第一个代表团，由当时的总理夫人西尔维·吉科宁（Sylvi Kekkonen）带队。

1956 年，芬中协会创办了芬兰唯一一本聚焦于中国文化的杂志《中国图文并茂》，并一直持续出版至今。1956 年底，协会在北京组织了一次芬兰版画艺术展。1957 年初，中国电影代表团应协会邀请抵达芬兰，在为期三周的中国电影节上放映中国电影。同年年底，协会派遣了另一位举足轻重的西贝柳斯交响乐指挥家达乌诺·哈尼凯宁（Tauno Hannikainen）与马尔蒂·西米莱一道前往中国，在北京和上海为中国的交响乐团进行指挥。1958 年，芬中协会最重要的工作就是大型芬兰艺术展在中国半年巡展，这是当时芬兰最大型的艺术展，并且是第一次在海外巡展。

1952 年奥林匹克运动会在赫尔辛基举办，新中国代表队排除万难，在最后一刻赶到了会场。这是新中国参加的第一届奥运会，中国最终得以成为奥林匹克大家庭中的一员，离不开芬兰体育界人士在其中发挥的重要推动作用。

上文列出的各种展览、代表团访问、以及艺术交流活动仅仅是那几年令人叹为观止的文化交流活动的一部分。这些活动几乎全部都是通过芬中协会组织的，所以自然而然地，协会在 1957 年底向芬兰教育部提议，效仿丹麦的先例与中国签署文化交流协议。此后芬中协会又多次向教育部提议签署协议，直到 27 年后，中芬两国最终于 1984 年签署文化交流协议。1973 年，时任芬兰教育部部长玛尔雅塔·瓦纳宁（Marjatta Väänänen）及教育部国际司司长卡勒沃·西卡拉（Kalervo Siikala）访华，中芬双方达成共识，决定制定长达数年的文化交流计划，两国在计划的指导下开展文化交流。文化交流计划优化了两国间文化交流方案，提高了文化交流的质量，并为 1984 签订文化交流协议奠定了基础。

那么所有的文化交流活动是如何筹集资金的呢？中国承担了大部分费用。芬兰教育部在芬中协会因无法解决费用问题不得不向其求助之后，承担了部分 1955 年中国戏剧团第一次在芬兰巡演产生的费用——由于缺乏经验，协会最终不得不向芬兰教育部申请近 600 万马克的拨款，以弥补当时高达 850 万马克的费用亏损。在此之前，1952 年中国杂技团来访时，芬中协会与芬兰 – 苏联友好协会进行了合作，并得以平衡收支。对于访华的芬兰代表团，中方承担了所有费用，代表团在华期间，中方甚至还向团员发放每日补贴；对于芬兰艺术展，芬兰教育部仅负责展览物品的国际运费，以及协同展览的两位专员和译员的薪酬。中方一直向《中国图文并茂》杂志提供资助，直至 1982 年。1984 年文化交流协议签订后，芬中协会获得了芬兰定期的国家补贴，不再需要中国在经费上的支持。

在中芬文化交流早期，是由中方选择文化交流的内容，因为当时几乎没有精通中国文化的芬兰专家。不过从 20 世纪 80 年代开始，情况逐渐发生了变化，在中芬文化交流协议的框架内，芬兰方面对文化交流内容的影响越来越大。通过文化交流协议，芬中协会对中国文化领域有了更加专业性的了解，并将这些专业知识分享给其他芬兰的文化从业者，这使得中芬文化交流更为持久，内容更加深入；对于最具中国特色的文化，开始设计更深入的专题性项目，并且开始出版各种展览的主题介绍手册和项目书籍。为了实现地区间的平衡，无论是展览，还是表演团体，开始扩展到首都以外的许多其他地区，这都是靠纳税人缴纳的税款资助的。

在文化交流计划框架下，中芬访问活动如火如荼展开。首次重要的大型访问是 1978 年夏末天津杂技团访问赫尔辛基、坦佩雷和图尔库。来自中国的首次大型展览是农民美术展，于 1977 年上半年在芬兰不同地区的 8 个艺术博物馆中进行了展览。1978 年初，随着《芬兰颂》四重奏乐团前往北京和上海演出，古典音乐交流迎来了新的开端。1980年和 1981 年，芬兰设计和图形艺术被介绍给中国大众。1982 年，大连京剧团访问赫尔辛基、奥卢（Oulu）、罗瓦涅米和坦佩雷，延续了传统中国戏剧的表演。在这次访问期间，应芬中协会的请求，除戏剧选段外，京剧团还进行了整场完整戏剧的表演。此后，中国所有访问剧团的

1978 年，全国人大常委会副委员长谭震林会见由乌尔霍·克赫宁主席率领的芬中协会代表团。

演出节目单中都至少会含有一部完整戏剧。除自身外，芬中协会还始终为芬兰其他文化从业者提供支持，第一次落实的活动是 1982 年上半年在赫尔辛基手工博物馆、波里萨塔昆塔博物馆和于韦斯屈莱中芬兰博物馆举行的中国贵州手工艺品展。

1985 年上半年，在拉赫蒂美术馆、赫尔辛基手工博物馆和约恩苏（Joensuu）美术馆举办的大型中国书法展是展示中国特色文化的典型例子，随展出版了许多介绍中国书法艺术的资料手册。同年，芬兰电影档案馆还举行了广泛的中国电影回顾展。1986 年，芬中协会自费派遣艺术家约尔玛·霍尼宁（Jorma Hynninen）和钢琴家拉尔夫·哥顿（Ralf Gothónin）前往北京、沈阳和哈尔滨进行艺术歌曲的演出，并与中国的西方古典音乐演奏家和该领域的教育机构建立联系。这次访问为 1988 年中央歌剧院参加萨沃林纳歌剧艺术节奠定了基础。

1988 年 7 月，中央歌剧院参加萨沃林纳歌剧节，在奥拉维古堡前与芬兰朋友合影。

1990 年，中国戏剧艺术领域的交流有了新突破，北方昆曲剧团在赫尔辛基、科沃拉（Kouvola）、拉赫蒂（Lahti）、于韦斯屈莱和伊萨尔米（Iisalmi）进行了昆曲剧目《白蛇传》的演出，而非以往的京剧表演。这是中国的昆曲剧团第一次访问西方国家。

1991 年，中国传统管弦乐团参加了芬兰伊萨尔米和考斯蒂宁（Kaustinen）民间音乐节；芬兰国家歌剧院芭蕾舞团在北京和天津进行了演出。

1993 年，另一场具有中国特色的艺术展"真品临摹"，在赫尔辛基阿莫斯·安德松美术馆、阿拉耶尔维（Alajärvi）内利马尔卡博物馆、拉毕拉赫蒂（Lapinlahti）美术馆和约恩苏美术馆展出，芬中协会还为展览制作了一份手册，讲解了模仿和临摹在中国艺术中的意义。相应地，埃罗·内利马尔卡（Eero Nelimarkka）和玛尔雅塔·翰赫约基（Marjatta

Hanhijoki）的绘画作品也在中国展出。同年，芬兰民众还在库奥皮奥（Kuopio）、伊萨尔米、卡亚尼（Kajaani）、奥卢、拉赫蒂、科沃拉和赫尔辛基欣赏到成都皮影戏的表演。实际上，芬兰观众之前已经接触过两次类似的木偶戏表演了：上海风雷剧场的杖头木偶戏曾于 1981 年在赫尔辛基国家大剧院、库奥皮奥、约恩苏和科沃拉城市剧院上演；四川杖头木偶戏曾于 1987 年在赫尔辛基国家大剧院、波里剧院和拉赫蒂城市剧院演出。

中国画细部

1994 年，中芬文化交流还促成计划之外的两场展览——位于赫尔辛基动物博物馆的巨型蜥蜴展，以及波里（Pori）美术馆的中国当代艺术展。同年，在芬兰剧院信息中心（Teatterin tiedotuskeskus）的协助下，芬中协会将英格丽·基尔毕宁（Inkeri Kilpinen）创作的芬兰话剧《真的、真的》改编成华剧碗碗腔形式搬上拉彭兰塔（Lappeenranta）剧院、科沃拉剧院、坦佩雷剧院和赫尔辛基亚历山大剧院的舞台。同年，川剧团在库奥皮奥舞蹈和演奏艺术节上进行演出；中国军乐团做客哈米纳军乐节。以上所有的访问活动都是文化交流计划之外的活动。

1996 年，芬兰国家芭蕾舞团在北京进行演出，"经典创造者——芬兰设计展"也在中国首都北京开幕，这两次活动都与时任总统马尔蒂·阿赫蒂萨里（Martti Ahtisaari）的国事访问有关。同年，在芬中协会成立 45 周年之际，协会将中国完整保存的最古老的戏剧形式——"南戏"引入了芬兰，在赫尔辛基、图尔库和库奥皮奥进行了演出，演出剧目《张协状元》是首部带有完整芬兰语字幕的中文剧目。同年，芬兰艺术家通过在北京举办紫禁城音乐会，尝试将有关庆典筹办的专业经验带到中国。该项目于次年结束。同时，西贝柳斯音乐学院与中国各音乐学院的合作也不断加深，西贝柳斯音乐学院的交响乐团于 1996 年访问了中国。

1997 年，芬中协会与芬兰戏剧博物馆合作举办"龙冠和凤袍——中国传统戏剧展"，展览分别在赫尔辛基、阿拉耶尔维、奥卢、尼尼萨洛（Niinisalo）、拉毕拉赫蒂和于韦斯屈莱举行。同年，"赫尔辛基亚洲艺术节"创立，主要展示亚洲的戏剧和舞蹈艺术形式。第一届赫尔辛基亚洲艺术节中，有来自南京的南方昆曲表演；第二届赫尔辛基亚洲艺术节中，上虞小百花越剧团在奥卢和赫尔辛基进行了越剧表演，这次活动也是芬兰外交部"亚洲时间"活动的组成部分。

1999 年，两个文化交流计划之外的重要展览在芬兰开幕：一是新近开业的赫尔辛基文化博物馆中展出马达汉从中国收集的物品；二是"天子——中国末代王朝艺术珍品展"在图尔库韦纳·奥尔顿艺术博物馆展出。同年，芬中协会协助筹办了西贝柳斯音乐学院的民俗音乐和舞蹈团在北京的演出活动，这是文化交流计划框架内的活动。

2000 年，作为中芬文化交流计划的一部分，芬中协会协助赫尔辛基市博物馆的舞蹈团访问北京和上海，表演了特罗·萨里宁（Tero Saarinen）的舞蹈作品《普尔钦奈拉》（Pulcinella）。2000 年正值芬兰成为欧洲文化之都，在中芬文化交流计划指导下，芬中协会依照

16 世纪中期的艺术风格对经典昆曲剧目《窦娥冤》进行了新编，改编工作在芬兰外交部的发展合作资金支持下由中国专家完成，最终该剧的唱词以芬中双语形式展现。

京剧《六月雪》剧照

2002 年，作为文化交流的一部分，芬中协会在赫尔辛基和于韦斯屈莱组织了《霸王别姬》京剧表演，京剧的唱词以芬中双语形式出版。次年，协会又在赫尔辛基组织了另一场京剧表演《赵氏孤儿》，唱词再次以芬中双语形式制成手册出版。《赵氏孤儿》是历史上第一部在欧洲表演的中国戏剧，歌词手册上还介绍了该剧的演出历史。

2004 年的大事件是在赫尔辛基文化博物馆和伊萨尔米举办"丝绸上的刺绣——中国丝绸刺绣展",展览手册上介绍了中国丝绸刺绣的传统和工艺。2005 年,作为文化交流的一部分,芬中协会联合赫尔辛基亚洲艺术节,庆祝了中国剧团首次访芬 50 周年。庆祝活动包括京剧《玉堂春》、中国宫廷音乐会以及展现中国传统戏剧历史的文艺演出。而在北京和上海,则以展览的形式向观众展示了阿尔瓦·阿尔托的设计。

芬中协会协助赫尔辛基市剧院在文化交流项目之外,将取材于中国传统喜剧的话剧《假新娘》搬上了 2006 年的表演季的舞台。该剧由萨米·凯斯基 - 瓦哈拉(Sami Keski-Vähälä)创作剧本,中国导演孔新垣执导。在文化交流协议之外,芬中协会还在马达汉元帅百年前所经过的中国各省举办了图片展,展出内容为马达汉于 1906 年至 1908 年间在亚洲考察途中拍摄的照片。

2007 年文化交流计划之外中国文化的演出活动包括:赫尔辛基市与北京市一同在赫尔辛基市中心组织了中国新年庆祝活动;坦佩雷的众多博物馆合作组织了中国当代艺术、陶瓷和海报艺术展;同时,瓦普里奇基(Vapriikki)展览中心举办了一场关于汉朝"玉公主"(窦绾公主)的大型展览;坦佩雷媒体集团将北京昆曲剧团邀请至坦佩雷、赫尔辛基和图尔库进行演出。中国的演出公司在同年 2 月将中国的新年音乐会带到了赫尔辛基。次年,同样是文化交流计划之外,赫尔辛基爱乐乐团在北京奥运会期间前往北京进行了访问演出。

2009 年芬兰和中国的文化部出乎意料地决定不再制定新的文化交流计划,不过现行计划一直延续到第二年。(译者注:2010 年,时任中国国家副主席习近平访问芬兰期间,中芬签订了《中国和芬兰政府在文化、教育、科学、青年和体育领域合作谅解备忘录》。)2010 年,芬中协会之前提议的展览"女性空间——芬兰女艺术家作品展"在北京国家美术馆举办。协会还与赫尔辛基亚洲艺术节一道,在赫尔辛基、伊萨尔米和瓦萨（Vaasa）举办了原定于 2008 年上演的昆曲《怜香伴》的演出，该剧的作者是 17 世纪中叶才华横溢的中国艺术家李渔。

　　至此，芬兰与中国文化交流的第二个黄金时期告一段落。上文罗列的艺术访问和展览只是过去 30 年来所有文化交流活动中最为重要的一部分。在第二个黄金时期，芬中协会已经是两国间文化交流最为重要的实施者，而在第一个黄金时期，协会是最重要的活动策划者。两国间的文化交流协议结束了，但它留下了在赫尔辛基庆祝中国新年的新传统。相应地，2016 年在北京举办了"你好，赫尔辛基"系列活动，并吸引了许多芬兰文化活动和博物馆与中国的组织团体合作，共同举办展览和艺术访问。其中层次最高的是芬兰瓦普里奇基博物馆中心，于 2009 年举办了"变化中的西藏——西藏文化展"和系列讲座；2013 年举办了兵马俑展和中国皇帝藏品展；2017 年举办了"紫禁城"展览。在芬中协会专家的帮助下，赫尔辛基艺术节于 2015 年举办了中国主宾国活动。

　　在文化交流的框架下对中国传统戏剧的广泛介绍，使一些年轻的芬兰演员对中国传统戏剧的奥秘产生了兴趣，有的甚至前往中国的戏剧学院学习相关技巧。终于在 2015 年，芬兰国家大剧院的主舞台——正是 60 年前中国传统戏剧第一次在芬兰上演的舞台，上演了由芬中协会、赫尔辛基亚洲艺术节、泰罗·萨里宁公司和赫尔辛基艺术节合作出品的京剧经典剧目《挑滑车》，戏剧由中国戏剧团伴奏，表演全部由芬兰演员以芬兰语完成。

中国和芬兰的奥运情缘

夏语芬（中芬体育交流参与者）

2019 年，中国和芬兰成功举办了"中芬冬季运动年"，备战 2022 年北京冬奥会。

这并非中芬两国首次因奥运结缘，早在 1952 年新中国首次回归奥运大家庭，就和芬兰结下了不解的奥运情缘。

1952 年赫尔辛基奥运会

1952 年 7 月 19 日，长跑运动员"芬兰飞人"帕沃·努米高举奥运圣火火炬跑入会场，从这天起到 8 月 3 日，芬兰首都赫尔辛基隆重举行了第 15 届夏季奥林匹克运动会。

芬兰人民对这一天期待已久。早在 1940 年，由于原承办国日本发动侵华战争，国际奥委会决定将奥运会举办地从东京改至赫尔辛基，但却又因苏联与芬兰之间交战，最终未能举办。

直至 1947 年 6 月，面对阿姆斯特丹、雅典、底特律、明尼阿波利斯、洛桑、费城、斯德哥尔摩、芝加哥等 8 个城市的激烈竞争，赫尔辛基最终通过投票表决赢得了主办权。这是芬兰第一次举办奥运会，也是新中国成立后首次派代表团参加奥运会。

中国国旗在 1952 年赫尔辛基奥运会上升起

1952 年 7 月 29 日，伴随着庄严的《义勇军进行曲》，由足球选手张邦伦和陈成达担任旗手和护旗手，中华人民共和国的五星红旗第一次在奥运赛场上升起。中国体育从此站在了世界人民面前。

中国代表团坎坷参赛

中国代表团此次出征可谓一波三折。1952 年 2 月初，芬兰驻华公使瓦尔万尼正式向中方表示，芬兰政府希望中国派出运动员参加当年 7

月在赫尔辛基举行的第 15 届奥运会。

经周恩来总理批准，2 月 5 日，中华全国体育总会（简称"全国体总"）致电国际奥委会秘书处，通知秘书处，全国体总作为中华人民共和国唯一官方体育组织，将代表中国继续参加国际奥委会活动，并决定派运动员参加赫尔辛基奥运会。

但国际奥委会迟迟未承认全国体总为中国奥委会，拒绝新中国参加赫尔辛基奥运会。直至 6 月 5 日奥运会报名的最后截止日期，全国体总仍没有收到国际奥委会的回复。在这种情况下，全国体总主任冯文彬和国际奥委会委员董守义联名电告赫尔辛基奥运会组委会：中国决定派出游泳、篮球、足球运动员参加本届奥运会。

7 月 17 日，国际奥委会第 48 届年会讨论"中华全国体育总会申请被承认为中国奥委会"问题。中国代表、时任中国驻瑞典使馆二等秘书盛之白作了 5 分钟的发言，申明中华人民共和国参加奥运会的合法性，表达了新中国的立场和愿望。经过中方坚持不懈的努力，在众多国际朋友的支持和声援下，国际奥委会最终以 33 票对 20 票的结果通过了邀请中国运动员参加赫尔辛基奥运会的决议。

7 月 18 日晚，中国接到第 15 届奥组委主席佛伦凯尔的邀请电报。此时距奥运会开幕仅剩不到一天的时间。

"一定要去"

赫尔辛基远在近万里之外，在正式比赛开始后再组团参加奥运会是否还有意义？在大家热烈讨论之时，7 月 19 日，周恩来总理果断作出"一定要去"的重要批示。

在接下来的三四天里，中国迅速组建了一支 40 人的代表团，包括男子足球、男子篮球、男子游泳运动员及翻译、医生、记者等工作人员。全国体总副主任兼秘书长荣高棠为团长，黄中、吴学谦为副团长，董守义为总指挥，李凤楼为足球队指导，牟作云为篮球队指导。后来担任国际奥委会副主席的何振梁，当时是代表团的法语翻译。

尽管时间很紧张，大家还是准备了统一的服装：咖啡色的西装、灰色的西裤，白色衬衣配着紫红色的领带。足球队的队服则是白色球衣和白色短裤，胸口处写着"中国"两个字。

在代表团出发前夕，周总理在中南海接见了这支整装待发的队伍。他关切地询问了准备情况，并鼓励运动员们，正式比赛赶不上，可与芬兰的运动员进行比赛，积极参加友好活动。

7 月 24 日，中国代表团从北京出发，经过数天辗转，于 29 日抵达赫尔辛基。此时奥运会已经进行了 10 天。

1952 年 7 月 29 日，中国奥运代表团抵达赫尔辛基。

"虽然来迟了，但我们终究来了"

到达位于赫尔辛基市郊的奥运村后，中国代表团顾不得休息和吃饭，立即举行了升旗仪式。数百名各国运动员和新闻记者赶来参加升旗仪式，中国代表团团长荣高棠说："虽然我们来迟了，但我们终究来了。我们带来的是和平的愿望和真挚的友情。我们将与各国运动员会见，我们深信这种会见将增强新中国运动员与各国运动员之间的相互了解和友谊。"

中国奥运代表团来得实在太晚，足球、篮球都错过了参加预赛的时机，只有吴传玉赶上了 7 月 30 日的百米仰泳预赛，但由于旅途疲劳和时差，未能发挥应有水平，未能进入决赛。8 月 4 日，芬兰奥组委安排中国队和芬兰国家队踢了一场足球友谊表演赛。

除了体育比赛，中国代表团在赫尔辛基奥运会期间主要是与参赛的各国代表团交流，向世界展示新中国的形象。8 月 1 日，中国代表团在

1952 年参加赫尔辛基奥运会的中国运动员

赫尔辛基的一家饭店举办了盛大的招待酒会，来自苏联、美国、英国等国家的百余位运动员和官员应邀参加。代表团还举行了记者招待会，宴请各国官员和运动员，增进了相互间的了解和友谊，在赫尔辛基掀起一波"中国热"。

8月3日，随着奥运圣火熄灭，新中国圆满完成奥运"首秀"。时任芬兰奥委会官员布洛达卡宁表示，赫尔辛基奥运会的成就之一，就是邀请到了有着世界最多人口的新中国参与，从而使这届奥运会成为空前的、代表性最广泛的大奥运。从那时起，中芬就因奥运结下了不解之缘，体育交流也成了两国友谊的见证。

续写体育友好交流新篇章

2015年，北京获得2022年冬季奥运会举办权，中国提出"3亿人参与冰雪运动"的目标。中国的冰雪运动起步晚、底子薄，发展不平衡，参与度和普及度都偏低。如何以冬奥会为契机，提高冰雪运动竞技水平，并让冰雪运动"飞入寻常百姓家"，带动相关产业发展，是摆在中国面前的课题，而中国这次把目光投向了芬兰。

芬兰是世界冰雪运动强国，冰雪运动早已融入芬兰人的日常生活，成为芬兰人的文化传统。北京申办冬奥会成功，为两国深化冬季项目和冬奥会合作提供了新机遇。

2017年，习近平主席对芬兰进行国事访问，双方一致同意将2019年确立为"中芬冬季运动年"。2019年，芬兰总统尼尼斯托访华期间，两国元首在北京共同启动"2019中芬冬季运动年"，这是中国与外国首次举办以体育交流为主题的国家年。双方全年在冬奥合作、群众体育、体育产业、体育文化、体育科研、体育医学、体育教育等领域举办了

60 多场活动，签署了 20 多项合作协议。芬兰蒂亚滑雪马拉松赛事落户中国哈尔滨，芬兰作为主宾国参加了 2019 国际冬季运动（北京）博览会，中国残联与芬兰残奥委会建立合作关系，由芬兰专家参与设计、应用芬兰"雪洞"技术修建的中国吉林北山四季越野滑雪场投入运营，多名芬兰籍教练执教中国单板滑雪、北欧两项、冰壶和跳台滑雪队，近 400 人次中国冬奥项目运动员在芬兰训练比赛。冬季运动年取得的众多成果既助燃两国体育合作，也助推"白色经济"增长，实现了互利共赢。

2020 年是中芬建交 70 周年。从 1952 年赫尔辛基奥运会到 2019 中芬冬季运动年，再到两年后的北京冬奥会，中芬之间的奥运缘也即将走过 70 个年头。期待双方面向 2022 年，进一步健全合作机制，明确合作重点，打造亮点活动，携手备战冬奥，推动奥运和体育继续为促进两国民心相通和深化人文交流发挥独特作用，续写中芬友谊新篇章。

"蓝蓝的天上白云飘……"

郄霜涛（新华社前驻赫尔辛基分社记者）

快七十年了，曼陀铃琴弦上拨出的欢快曲调，送出中国歌曲"蓝蓝的天上白云飘"的一串串音符，歌声萦绕在许多曾在芬兰工作和学习过的中国外交官、留学生的耳边心头，记录着一段芬兰老工人巴乌利·朗达宁与中国的故事。隔万里之遥，两个国家的人民牵手数十载，在中芬友好交往大网上，共同编缀着一串串小而牢固的扣结。

1950 年，刚刚成立的新中国步入外交舞台，战后的芬兰也走上经济重建与复苏之路，芬兰成为首批与中国建交的西方国家。随之，中华人民共和国在芬兰设立大使馆。木匠巴乌利是中国使馆的第一批芬兰雇员，他是花工，负责绿化、馆舍的维护管理等一应杂事。

在那个年代，许多芬兰人在城里还没有属于自己的住房，巴乌利也一样，他携妻子西尔玛和两个女儿，一家四口住进位于赫尔辛基市东郊库洛萨里岛上的里斯托·吕蒂路 49 号大使馆商务代表处院内，成为院内大家庭的一员。

地下室的两间卧室就是巴乌利的家，下了班，这里成为使馆同志们最喜欢光顾的地方，充满琴声歌声笑声。

巴乌利精心打理出地下室的一间桑拿房，这里没有豪华，只有简单质朴与洁净：一排整洁的三层木凳，一个用铁皮箍住装满青石的高大炉子；但这里却有着如今现代桑拿所缺少的意境。"桑拿"一词来自芬

巴乌利·朗达宁全家照。左起：巴乌利、
玛丽娅塔、西尔卡丽萨、西尔玛。

兰文 sauna，它是劳作于森林、田间的伐木工人和农夫的第一个家。出生、结婚、生子到最后告别人生，这些农耕时代人生的重要时刻，大都发生在桑拿的小木屋里，在那里孕育出了芬兰人"坚韧"的民族性格"sisu"。首批来自东方的中国外交人员，从巴乌利的桑拿房开始走进这个陌生的国家和民族，开始了促进两个相距遥远国家友好关系发展的外交生涯。在这里，中国小伙子第一次看到巴乌利用长柄铜勺向烧得滚烫的热石泼水，第一次接过巴乌利扎起来的桦树枝条抽打身体发汗，洗尽污浊，驱逐风寒。也是在这里，中国人听说了芬兰内阁每周的桑拿例会和国事访问宾主共浴桑拿的礼遇，但这并非空洞的形式与礼节，而常是重要的内事外事难事磋商和拍板的地方，开发古老传统为现代服务，也体现了芬兰人的创新与务实特点吧。在沐浴高温蒸汽后，宾主坐下，喝上一杯冰镇啤酒，用叉子挑上一段香肠，放到炉火上烘烤，香气诱人，无衣冠贵贱，无身份高低，只有平等无欺，坦诚相见，营造了达成共识的有益氛围。

院内绿草如茵，一棵罕见的四根同生白桦树屹立后院中央，俊美挺拔。树下，巴乌利学会用中文唱"蓝蓝的天上白云飘"，中国小伙学着用曼陀铃叮咚伴奏，这一唱一弹就是几十年。

我们和巴乌利一家的真正相识，却是在 60 年代末了。

五六十年代的中国，青年人崇尚"学会数理化，走遍天下都不怕"，高考时如选外语等文科往往被认为是数理化不灵光。新中国派往苏联东欧国家的留学生也大多是理工科。

新中国的外交，从一开始就有一条原则：反对大国沙文主义，坚持大小国一律平等。尊重驻在国文化，力争使用本民族语言相互交流，就是这一原则的具体表现。芬兰人无比珍视自己的民族文化传统和民族语言芬兰语，在全球化进程中尤为注重保护自己的民族特色文化传统。西方在芬兰的外交圈内大多使用英语，中国使馆的外交人员，则从建馆起就努力学习芬兰语。1953 年芬兰总理吉科宁的夫人率领大型文化代表团访华，推动了两国语言留学生的互换，到 1956 年芬兰议长率团访华，毛主席接见来宾时，我们的老前辈们就揭开了国事访问使用芬兰语翻译的一页。

新中国成立后，对外交往日益增多，创建新中国外交事业的周总理等老一代外交家，高度重视外事人员队伍的建设。特别是到了 60 年代中期，恢复中国在联合国合法席位的进程加快，建交国家增多，多语种外语人才需求上升。当时的高教部在 1964 年和 1965 年连续两年集中向数十个国家派出 1000 多名高中生，到国外学习语言专业。其中就包括学习芬兰、丹麦、瑞典等北欧语言的留学生，还有前往法国、摩洛哥、波兰、捷克、越南、泰国、柬埔寨、苏丹等国家的语言留学生。这样，原本准备考理工类大学的我们，在 18 岁高中毕业时来到了芬兰。

当年的芬兰和芬兰语言对我们而言十分陌生，偏居地球北部一隅的芬兰几乎没有中国侨民，也没有芬中字典等工具书，更无用中文教学的芬兰老师。我们天天趴在台灯下，先掰芬英字典，再掰英汉字典，查来查去，经常连单词的词义都弄不准确，那些在普通高中学习的粗浅英语根本不够用，再加上芬兰语法逻辑结构与中文相去甚远，时态、方位、情感等等的表达要通过复杂烦琐的变格实现，实在让人头疼。一个变格往往要琢磨半天还拿不准，路上听到芬兰儿童脱口而出，我们真是汗颜。后来大家索性抛开英语教学，直接用芬兰语上课，先集中上一年基础课，第二年再进入赫尔辛基大学。但 1966 年，"文革"开始了，所有语言留学生中断学习，先后回国休假。

在动乱停课的年代，周总理始终惦记着这批将来要从事外事工作的年轻人。为使这批人少受干扰，他亲自过问留学生回国后的安排，要求让那些国内大学没有开设的难学小语种同学尽快返回当地，完成学业。再次出国前夕，日理万机的周总理在中南海接见了我们，他语重心长地嘱咐我们回去后要努力学习，要到老百姓中去学，要学活的、地道的语言，要多了解社会。1968 年初，在国内学校依然处于停课状态时，我们重返芬兰，重新走进周总理为我们安排的多彩课堂。

"到老百姓中学习活的语言"，让使馆主管留学生的同志马上想起了巴乌利一家。

此时巴乌利已离开使馆。他享受到了战后经济复苏年代政府的扶持政策，在市郊获得一块用于建造自住房的小小地皮。利用周末和休假，一家人忙碌在工地上，如燕子垒窝，用汗水和日月建成了自己的家。60年代初中国经济困难时期，驻外使馆统一压缩编制，巴乌利离开了使馆，

1968 年，巴乌利与西尔玛重返里斯托·吕蒂路 49 号。
左起：巴乌利、郄霜涛、西尔玛和商务处工作人员。

在芬兰航空公司谋得一份木匠的差事，西尔玛则进入一家小公司食堂，为员工烧咖啡、做午餐。这时，全家搬进了自己亲手建造的温馨舒适而又充满中国色彩的家，这个家后来又成了中国外交官和留学生在异国他乡温暖的家。

巴乌利的家在赫尔辛基市 Tuomarikyla karajakirjurintie 13 号，那是一幢淡米色的二层木质小楼。一片相同风格的房屋群落组成了社区：混凝土浇筑的地基与地下室，木板外墙直达北欧风格的尖屋顶，墙面刷的油漆多为砖红、乳白，明亮醒目。与通常有院墙围挡的中国民舍不同，这里房舍只用草坪、花卉环绕，或有低矮灌木相围，但少有封闭高墙。有建筑师说，这是东西方不同文化在建筑风格上的体现，东方四合院内向，西方居舍外向。这种角度，拓宽了在中国长大的我们理解芬兰社会现象的视角。

得知中国学生需要住在芬兰人家中学习，巴乌利把我们五人安排到自己和两位姐姐家。这是我们第一次进入外国人的家。巴乌利说，得先给你们起芬兰文名字。他给四个男生起的名字分别是：尤西、贝卡、马蒂和唐奈利。为了好念好记，都是用的常用名，前两个是顽皮男孩名，后两个依中文姓氏第一个字母发音而来，就套用了时任总统吉科宁两个儿子的名字。后来，男生的名字都叫响了，只有我的没用上，可能因为我名字中的"涛"更便于发音和记忆吧，芬兰人都叫我 Tao。

此时巴乌利的大女儿玛丽娅塔出嫁了，我与小女儿西尔卡丽萨同岁，当然就一起住在二楼的闺房。我也就和西尔卡丽萨一起称呼巴乌利爸爸和西尔玛妈妈，我高兴地告诉远方的父母，我有了芬兰爸爸妈妈！白天我们或去学校上课，或在家里做阅读和翻译等功课，听收音机练习听力。晚上全家聚在餐桌前，享受老妈妈烧的芬兰菜肴；在悬挂着中国西湖全景织锦横卷的客厅，喝咖啡，看电视，聊天。听不懂的语言就问，不明白的事马上请教，一家老的小的都抢着回答，很是开心。在这里，我听到不少非书面语言，学到不少民间使用的掌故俚语，促进了芬兰语言思维的形成。更有益的是，与他们的共处，使我对芬兰社会、民族特性与文化传统有了真切具体的感觉与体验。男生们住的亲戚家也都是普通工人，在那里，他们了解了芬兰工人的生活状况和国家社会福利的发展与运作。后来我们走上工作岗位，有问题还时常"回家"问问。这段共同生活与相处的经历使我们后来从事新闻工作和中芬多领域交往大受裨益。我们都知道，这正是周总理的期望。

新华社先在瑞典设立分社，报道业务覆盖北欧五国，但在工作中发现，芬兰语与北欧其他国家语言分属不同语系，毫不相干，搞新闻采访还得用芬兰语。为促进中国人民对芬兰的了解，1974年新华社在赫尔辛基建立分社。尤西和我从此走上促进中芬两国人民相互了解的新闻岗位。芬兰是为尤西和我牵红线的月下老人，毕业我们双双先后三次回到芬兰任职。这时巴乌利的两个女儿都已远嫁他乡，老两口见我们回来，十分欣慰，如同自己孩子回到身边，紧紧拥抱，不舍分离。

从那时起，每个圣诞夜，在这个本是芬兰家庭成员团聚的日子，老两口大多是和中国朋友在一起欢度。如同中国人呼唤亲人回家过年那样，他们每年早早向中国大使馆发出邀请，欢迎回家欢度圣诞夜。西尔玛妈妈先拿出珍藏的精美餐具；再早早买上一只大大的火腿腌制起来，用一整天功夫精心烤制；煮上一大盘雪白的芬兰特色圣诞美食碱鳕鱼；烤制芬兰人的最爱——蔬菜奶酪制作的特色"盒子"：土豆盒子、蔓菁盒子、胡萝卜盒子；还有产自大森林的蘑菇浆果。一到日子，巴乌利爸爸早早就忙着铲除路上的积雪，撒上防滑沙子，整出一条大道，在风雪中挥手指挥使馆的车子安全停靠。入夜，他穿上红袍，挂上白须，扮成圣诞老人敲响屋门，走到圣诞树下为每位中国客人分发圣诞礼物，有西尔玛众姐妹们亲手编织的袜子、帽子，有自制的果酱甜品，还有巴乌利植制的木碗木杯。西尔玛妈妈还特别为我准备一些女儿家喜爱的贴身衣物。圣诞夜的高潮出现在巴乌利拿出曼陀铃的那一刻，他拨弹琴弦，开始领唱中芬大合唱"蓝蓝的天上白云飘……"

几十年来，每逢中国国庆节，巴乌利与西尔玛都会身着盛装，与芬兰各界名流一起出席中国大使馆隆重喜庆的招待会，共庆中华人民共和国的生日；每年圣诞节的巴乌利的家，也总能看到中国驻芬兰最高外交代表的身影。2000年夏季，当年在中国使馆生活数年的巴乌利的两个女儿举家从日本和意大利回国看望父母，吕新华大使专程到300公里外的巴乌利乡间别墅做客，看望老人及全家。这是巴乌利全家搬出使馆后一次与中国使馆新老朋友的大团聚。巴乌利大女婿是日本资深外交官，

2000 年，吕新华大使专程看巴乌利宁全家。前排左起：
郄霜涛、西尔玛的姐姐、巴乌利、吕新华、西尔玛、
张卫华、尤西，后排右起：大女婿日本外交官、西尔
卡丽萨、外孙女。其他为使馆工作人员。

面对此情此景，他动情地说：我亲眼看到，中国大使馆令人难以想象地
几十年如一日地与一位普通芬兰工人交往，与一位曾在使馆工作过数年
的花工建立如此真挚的友情，这深深打动了我，我把它写入了我的回忆
录，留给子孙。

巴乌利和西尔玛已经离开我们好几年了。我们在芬兰学习工作总共
有 20 年之久，这期间虽然亲历了众多可载入史册的中芬友好往来重大
事件，可眼前浮动的总有这两位老人善良慈祥的目光，耳边也总响起那
熟悉的歌声与琴声。

对华友好

——芬兰"小老板"平生的"业余爱好"

郑焕清·(新华社前驻赫尔辛基分社首席记者)

时逢中芬建交70周年，应约为《中国和芬兰的故事》一书写点东西，我的脑海里像过电影似的涌现出众多熟悉的面孔：前芬兰社民党总书记、乌西玛省省长卡洛·皮辛基，前农林部长、前芬中协会主席乌尔霍·盖赫宁，中国大使馆建馆之初的首批芬兰雇员巴乌利·朗达宁一家，长期负责中国大使馆修缮的利埃胡宁公司总经理于尔约·利埃胡宁先生，个头高挑面容靓丽的芬中协会秘书长卡琳娜·安德松女士，芬兰图片社社长拉珐尔·塞佩莱夫人，中国大使馆翻译丽特娃·萨尔尼叶尔薇小姐，20世纪50年代首批来华攻读汉语的芬兰留学生之一卡莱·库伊蒂宁……几十年了，这些普通芬兰人与中国交往的件件往事，构成了两国人民相互了解与增进友谊不可分割的一部分。

其中，与我相知相交时间最长的要数老朋友于尔约·利埃胡宁了。

靠诚信与中国"牵手"

说起于尔约·利埃胡宁先生，长期在芬兰工作的芬兰语方向的同事无人不知，无人不晓。我作为新华社记者，与他也有很多的交往，并且听闻了不少关于他的故事。他憨厚朴实，为人谦逊，待人诚恳。胖墩

郑焕清（左一）与利埃胡宁夫妇在别墅桑拿屋前合影。

墩的他，脸上终日挂着笑容，说话不紧不慢，但落地有声，活脱脱的芬兰版"弥勒佛"。

于尔约家境贫寒，艰难的岁月造就了他的人生信念：要过上好日子唯有拼命赚钱，赚钱必须要靠诚实的劳动和精湛的手艺。于尔约17岁只身到赫尔辛基当学徒，不久就自立门户，成立利埃胡宁油漆公司，主营古老建筑、办公大楼、豪宅名居和民宿等内外修缮业务。凭借精湛技艺和企业诚信，他曾荣获芬兰企业家协会"钻石勋章"，成为芬兰粉刷油漆行业获此殊荣的第一人。

据说，20世纪60年代末，位于库洛萨里岛的中国大使馆商务处大楼因海风侵蚀，外墙剥落，主体建筑急需修缮。使馆办公室工作人员发现了在芬兰室内外装修行业饶有名气的利埃胡宁公司。承接工程后，于尔约几乎天天亲临施工现场，监督工程质量和进度，反复叮嘱工人们把中国大使馆的活儿干漂亮。中国大使馆修缮工程的第一单所展示的高工

中国驻芬兰大使吕新华（左二）与利埃胡宁夫妇和
好友维萨在庆祝芬中协会成立五十周年招待会上

程质量及合理性价比赢得了大使馆的信任和赞誉。此后，使馆本部大楼
馆舍、大使官邸等建筑及室内外维修，多由利埃胡宁公司承办。年复一
年的修缮工程，增进了于尔约与中国使馆人员的相互信任和了解，"小
老板"，这个中国朋友对于尔约的昵称也就在中国人中间不胫而走。

平生业余爱好：对华友好

于尔约经常挂在嘴边的一句话是，"我平生的一大业余爱好就是
搞对华友好。中国是有着 5000 年历史的文明古国，中国人勤劳善良，
令人尊敬和敬佩，值得成为交心的朋友。"

他是这样说的，也是这样做的。一位普通芬兰人，为增进相距万里的中芬民间交往，倾注了真诚与心血。

——年年举杯为中华人民共和国祝福。于尔约特别引以为豪的是，这段始于 20 世纪 60 年代末的友情能一直绵延不断。于尔约格外珍视每年都如期收到的印有中国国徽的大使馆国庆招待会请帖，他年年必身着礼服，准时前往，和中国朋友一起举杯，为中国和中芬两国友谊祝福。半个多世纪以来，他是为数不多的从未间断出席这一盛会的芬兰友人。

——别具一格的仲夏别墅聚会。地处北极的芬兰仲夏时节景色迷人，蓝天白云，午夜的太阳高挂天际。在芬兰最美好的季节，于尔约一家盛情邀请我和夫人以及中国大使馆官员到他家别墅做客，共同分享芬兰民族传统节日——仲夏节。

当中国朋友们来到坐落在阿西卡拉县小巴里湖畔的别墅，于尔约和夫人拉伊丽携家人热情迎上，送上一杯杯清凉消暑的自制蓝莓汁和浆果汁。丰富多彩的消夏节目，给予客人们难得的体验：在清澈见底的湖面游泳、泛舟或网鱼、垂钓，到茂密的森林采摘浆果和野生蘑菇，围坐在绿茵茵的草坪谈古说今、共叙友情……当然，享受正宗的芬兰桑拿浴，品尝于尔约夫妇亲自制作的熏鱼、烤香肠和马哈鱼土豆牛奶汤及中国客人带来的白酒、春卷、饺子等美味佳肴，是传统保留节目。席间主宾们频频举杯，共祝友谊长存。

——对中国旅游情有独钟。于尔约先生兴趣广泛：捕鱼捉虾，滑雪跑步，客串电影角色，旅行周游各国，等等。他一生追求新鲜事物，特别对到中国旅游情有独钟。他在自传《我一生的多样角色》一书中写道，"我对到中国旅游很感兴趣，中国有着数千年的文明史。了解中国和中国文化是我一生巨大的财富之一。"

早在 20 世纪 70 年代初，于尔约就梦想去中国旅游。1974 年 4 月，

于尔约曾到中国旅游 10 余次。

在他的积极倡议和参与下，芬兰奥林匹克航空旅行社组织了首批航空赴华旅游团，于尔约等 20 名人士一起赴华旅游，开启了芬兰对华航空旅游破冰之旅。此后数十年，于尔约或陪伴家人，或组织公司员工和对华感兴趣的人士，先后到中国旅游 10 余次，3 次登上长城，成为当之无愧的"英雄好汉"。

在华旅游期间，于尔约耳闻目睹中国改革开放的巨变，会见老朋友，结识新朋友，在北京受到中国前驻芬兰大使吕新华和张直鉴等的热情款待。2017 年春夏之交，85 岁的于尔约再次亲领 10 余名 70 多岁的芬兰朋友赴上海和华东旅游。在那里，中国朋友们专门为他隆重举办了 85 岁寿宴。

——开创中芬企业在第三国合作先河。20 世纪 80 年代末，改革开放大潮推动中国企业走出国门，开展国际合作。于尔约是加入这一大潮的一朵浪花。人脉广泛的于尔约在苏联列宁格勒（圣彼得堡）获得一个

于尔约（前排右一）和苏联方面代表
在三国国际合作工程项目协议上签字。

修缮项目，在装修工程方面开创了与中国企业合作承接第三国工程的国际合作先河。利埃胡宁公司承包工程，安徽国际经济技术合作公司派遣劳务人员，装修列宁格勒海伦酒店大堂和 360 间客房。经过数月的精心施工，酒店焕然一新。芬兰和苏联交通部部长参加了隆重的开业典礼，三国新闻媒体纷纷报道这一成功的国际合作范例。

此后不久，利埃胡宁公司再度与北京住总集团联手，圆满完成了西伯利亚石油城汉特－曼西斯克议会大厦和尤克拉宾馆供暖系统等修缮工程，工程实现三国共赢。

——尝试中芬合资饭店的第一人。国际合作项目的圆满收官，激发了利埃胡宁公司和安徽国际经济技术合作公司在芬兰合资开饭店的念头。1991 年 10 月 16 日，中芬合资的第一家餐馆"龙宫饭店"正式开张，数十张餐桌摆放在偌大的龙舟上，一时间在芬兰引起轰动。媒体纷纷报道，称饭店设计巧妙，菜肴佳美，生意兴隆。许多嘉宾专程光顾饭店，对中国菜肴赞不绝口。

不断扩展民间友好朋友圈

半个世纪以来，与中国在多领域的频繁交往，使得于尔约和他众多的芬兰朋友与中国友好的故事不断延续发展。

于尔约的寓所内有一个专门房间，称之为"中国房"。房内陈设着他几十年来收藏的中国朋友赠送的礼品以及在中国旅游购买的纪念品：地毯、景泰蓝瓶、瓷器、玉器工艺品、丝绸、苏绣、山水人物屏风、檀香扇、竹帘画、红灯笼、中国结、茅台、五粮液以及照片等等，琳琅满目。每当"有朋自远方来"，他都要请客人们到"中国房"观摩，在如数家珍般的讲述中，回忆以往欢乐时光，流露出浓浓情谊和眷恋。

近些年，于尔约还与开饭店的老板朋友赫伊基·罗乌塔玛商定，在圣诞节前邀请中国朋友们到芬兰总统夏宫所在的楠塔利市郊聚会。民间的交往，不断扩大着中芬友好的朋友圈，延续着友好事业的更新换代。

利埃胡宁夫妇在"中国屋"的近照

可喜的是，受爷爷熏陶，于尔约的孙女卢米从 2014 年开始在赫尔辛基大学学习汉语，主攻东亚研究中国专业。她先后在北京和云南多所大学进修语言。2019 年，她陪爷爷参加中国大使馆庆祝中华人民共和国成立 70 周年招待会时，为爷爷当翻译，并用流利的中文接受央视记者的采访。今夏，卢米完成了以"农业学大寨"为题的赫尔辛基大学东亚研究论文，以优异的成绩获得文学硕士学位，实现致力芬中交往的梦想，成为促进中芬两国关系发展的一代新人。

不久前，在 88 岁生日之时，于尔约先生透露，他与芬兰的老哥们正在计划下一次中国旅行，再见见中国的老朋友们。作为半个世纪的朋友，我们一定帮助于尔约实现这一夙愿，并在中国庆祝他的 90 寿辰。

我与芬兰的三度春与秋

刘然（北京外国语大学芬兰语专业学生）

提笔写下这段文字时，我刚刚结束一年的交换生涯，坐在家中的摇椅上，回忆与芬兰有关的点点滴滴。细细数来，我与芬兰"相知相识"只有三年的时间，春生夏长，秋收冬藏，在四季的交替中，万物生生不息，而正如万物，我与芬兰的故事也要从春天种下的一颗种子说起。

时间的进度条被拉回 2017 年的春天，那时的我正在紧张备战高考。某一天，在做高考真题时，一道关于芬兰农作物分布的选择题难倒了我，带着十万个问号，我打开了搜索引擎，决定认真地了解一下这个国家，将它从我的"高考知识盲区"移除出去。在了解过程中，我看到芬兰语被认为是世界上最难的语言之一，这一下便激起了我的兴趣，就像小火苗落在了枯枝当中，我的心熊熊燃烧了起来。从小到大我最大的目标就是学习一门很难的非通用语，而芬兰语就这样碰巧走入了我的视野，这颗种子便算是种下了。没想到，在夏天的时候，它竟真的萌芽了！当时国家正在大力开展与"一带一路"周边国家的合作，作为沿线国家的芬兰，其语言也在北京外国语大学"一带一路"非通用语招生范围之内！还记得我用颤抖着的手指点开高考录取查询的页面，既期待又害怕，但当我看见"芬兰语"三个大字显示在表格最后一行时，是万分惊喜，悬着的心也终于放下了。我不想渲染自己有多努力才如愿以偿，因为这其中有太多的"碰巧"，碰巧"一带一路"合作开展得如火如荼，碰巧北外在那年招收芬兰语学生……那个夏天，不知是我选择了芬兰语，还是芬兰语选择了我。

在秋天，收获的季节，我走进了北外的校园，获得了学习芬兰语最好的资源，为我之后种下另一颗种子提供了肥沃的土壤。于秋冬这个播种的间歇期，我一直在调整自己，去适应新的环境，新的教学方式。刚刚踏进校园的我，带着一个幼稚的想法，以为语言的学习就和之前十年的英语学习一样，苦背单词、做习题，所以当我做好准备迎接一场苦战时，北外的老师们却出乎意料地让芬兰语学习充满乐趣。外教课上我们总是会做各种各样的小游戏，比如在学习一大堆动词时，我们会被分成小组，每个人随机抽取动词卡片并造句，连成一个小故事，还记得我们故事的主角叫 Sauli（特地取了芬兰总统的名字）；在学习各样家电的名字时，外教给我们放了一首歌词全是家电的歌。在这样轻松愉快的氛围中，单词学习不是负担，而是享受。芬兰语最难的地方其实可能并不是词汇，而是语法。听说芬兰语有十几个变格的时候，虽然我想要挑战最难的，心里还是打鼓，到底自己能不能真的掌握这些变格呢？而老师的教学方法巧妙且有效，还记得老师在讲完基本的语法规则后，打开一篇新闻要和我们一起分析其中的语法，在那之前我没想过自己已经有能力阅读这样的新闻了，在那之后我每天都会按照老师的方法分析新闻里的语法，这样与实践相结合的语法学习方式不仅简便而且有趣。

2018 年的春天悄然而至，又到了播种的季节。此次我所播下的种子，有关梦想，有关人生。春季学期的某一天，外教兑现了很久之前的承诺，宣布带我们去她的宿舍一起制作芬兰的传统美食——耳光包！那天，我们都摩拳擦掌，带着激动的心情开始了耳光包的制作。从和面、抹黄油、撒肉桂粉，到压制耳光包的形状，都是我们自己独立完成的。外教在一旁不时地拿出菜谱为我们作指导，或上手示范，但却从来没有打断过我们或"纠正"我们，即使我们做出来的耳光包大的大、小的小，还有各种奇形怪状的。在学习上也是一样，老师总是鼓励多样性，不会否定我们的成果。耳光包不一定需要中规中矩，学习的方式并不需要统一，人生的答案更不止一种。不管是做耳光包、学习，还是人生，老师能够给出大方向，但具体的路都要自己一步一步去走，并且老师鼓励我们要走出属于自己的路。这便成了我的梦想，我将这颗种子种下后的每一天，都朝着丰收迈进。

春去秋来冬又至，2018 年底的某一天，老师神秘地通知我们一位重要的芬兰诗人即将来华，让我们猜猜是谁。我们面面相觑，每个人都露出难以置信的表情，不会是芬兰诗人兼总统夫人燕妮·豪吉欧吧？在接下来不到两周的日子里，我与另外三名同学进行了紧急的诗歌朗诵训练，我们将为中芬两国的第一夫人们朗诵豪吉欧女士所作的两首诗歌。两周的练习紧张又忙碌，还记得一开始找不准发音位置，和老师在教室里一练就是好几个小时，就连走在路上都在不自觉地练习。2019 年 1月 15 日，我们带着激动的心情来到了表演现场，有了之前数天的练习和数次的彩排，我们有信心呈现出好的表演，但看到现场满满的摄影机还是不免有一些紧张。当我走上小小的"舞台"，两位夫人就坐在我面前一米多的位置，优雅亲切的笑容让我的紧张瞬间烟消云散，咚咚乱跳的心也随着背景音乐变得平缓。等待音乐进入的时候，我的眼前闪过那些练习的日日夜夜，闪过老师认真指导的情景，闪过一位芬兰朋友帮我分析诗歌的多层情感的画面，闪过我们几名同学相互鼓劲的画面，这一切的付出在那一刻迎来了收获。表演结束后，两位夫人特意上前来慰问我们，亲切地询问我们的学业情况，还与我们合了影。

此次中芬领导人的会面也为"中芬冬季运动年"揭开了帷幕，芬兰作为冰雪运动强国，其冰球、越野滑雪、跳台滑雪等项目水平都名列世界前茅。两国以举办 2022 年北京冬奥会为契机，在政府、企业界以及体育俱乐部等多个层面展开合作，这也是第一个以体育交流为主题的"国家年"。在 2019 年寒假，我有幸来到芬兰一家体育公司的北京分部进

2019年1月，芬兰总统访华期间，中国第一夫人彭丽媛（后排左五）同芬兰总统夫人豪吉欧（后排右五）在北京欣赏音乐诗会。图为表演人员与两位夫人合影。

行实习，其间我实实在在地参与到了两国的合作当中。比如"冰雪进校园"活动，我所实习的这家芬兰体育公司为中国的一些学校训练冰雪运动师资、提供器材、修建场地等等。看着老师、同学们认真地学习滑雪、冰球等等，他们脸上的笑容最能诠释此次中芬合作的意义，它为学生们提供了又一体育活动的选择，为冰雪运动在中国的"生根发芽"提供了基础，这一切都得益于两国间的友好关系以及政府间的积极合作。

在大三的这一年，我有幸获得国家奖学金赴芬兰进行为期一年的交换生活。来到芬兰的第一感觉，是熟悉也是陌生。我曾在两年的时间里了解了许多关于芬兰的东西，可到了芬兰，还是有一种"原来芬兰是这样"的感觉。即使环境对于第一次来芬兰的我有些陌生，芬兰人却是和想象中一样的友好。记得有一次和中国朋友在芬兰小镇的河边散步，可能由于我们走到了一个死路口，一位芬兰老奶奶以为我们迷路了，主动用英语询问我们是否需要帮助。虽然我们当时并没有迷路，但老奶奶这份善意却使我对芬兰人的第一印象无比美好。在芬兰，我所收获的来自陌生人的善意不可计数，如没听清楚芬兰语时收银员耐心的重复，人行横道前主动停下让路的司机，路上的行人专门走过来夸赞我的衣服，无数次主动对我用中文说"你好"的过路人，是他们的友好让我即使在芬兰也不觉得孤单。

当然，芬兰人所给予我的友好和善意更多地来自那些我所熟悉的芬兰朋友和老师。记得在刚入秋的时候，夜开始变得越来越长，每天都是雨水或阴天，我的心情也开始变得沉闷，我突然发现自己不爱说话了，为了一点点小事就要大哭，心里明明知道这样不好，却无力做出改变。得知这个情况后，我的芬兰朋友非常担心，每天早上给我发消息说早上好，并且问我今天有什么安排，还总是约我出去玩，去公园散步，去公共桑拿房感受芬兰式的桑拿，去湖里游泳，去中餐馆和我一起品尝中餐……直到现在我都觉得自己还欠他一句谢谢，即使我已经无数次表达了我的感激之情。我无法想象如果少了他的帮助，那个秋天会是多么昏暗，但是幸好我不需要去想象，因为他真真切切地存在，也实实在在地帮助了我，而我即使说了千万次感谢也还是觉得不够。

在芬兰的一年里，最有归属感的时候还是春节。我们整个班的同学齐聚赫尔辛基，为的是参加一年一度的春节庙会。留学之前我们在"中芬文化交流"这门课上就已经对赫尔辛基春节庙会有了一定的了解，但其中更多的是从"举办者"这个角度进行的学习，没想到半年后我们就以"观众"这个角色真正地踏进了庙会。走近颂歌图书馆前的广场，就听见大家正热情呼喊着新年倒计时，我立马小跑两步加入了呐喊的人群。在那里，和身在他乡的海外华人、慕名而来的芬兰人一起倒数的刹那，我找到了家的感觉。芬兰主持人全程使用中文，在听到她用不是那么熟练的中文说出"新年快乐"时，我竟热泪盈眶。这场庙会的每个细节都展现着中芬两国首都合作举办时的用心：熟悉的乡音，中国特色的服装、精彩的表演……表演中有一个舞狮队伍，我惊叹于他们精湛的技艺，以至于在看到一副副服装下面的芬兰面孔时，一时竟不敢相信。从"中芬文化交流"的课上我了解到举办一场庙会的不易，但只有身在庙会当中时，我才真正地体会到两国政府所作出的努力，而这所有的努力主要目的是让所有海外华人感受到祖国的惦念和促进中芬两国人民的友好。

2020 年开年的一场疫情打乱了每个人的生活，我也不例外。从2019 年 11 月开始，我在芬兰的养老院做志愿者，每两周一次的频率并不高，再加上老人们的记忆都不太好，所以我每次都要做一下自我介绍，再和老人们一起聊天，或者推他们出去散步。3 月的一个周三下午，当我进门的时候，一位老人清楚地叫出了我的名字，并且亲切地问我最近怎么样，家人在疫情期间怎么样，那种感觉就好像是突然回到了家，听到爷爷奶奶热情的关心。我还清楚地记得那天我们一起玩积木游戏，聊怎

2020 年 1 月 24 日，2017 级芬兰语班在赫尔辛基庙会共庆中国春节。

2020 年 1 月 25 日，在芬兰与外教 Taija Hämäläinen 一同庆祝春节。

么做蛋糕，聊钓鱼，聊中国的文化，聊生活里的一切琐事。临走时，一位老人特别舍不得，握着我的手，问我下次什么时候来，我不假思索地回答两周后。但是由于疫情的暴发，养老院不允许再去探望，而那一次相聚也就成了最后一次。也许我不会在他们的记忆中存留太久，但与他们共同度过的时光我永远不会忘记。我告诉自己，如果有机会再来到芬兰，我一定要去和他们见一面，好好地道别，说一声再见。但是，老人们都八九十岁了，时间不等人，我们的故事也许就停在了那个冬天，也许我所承诺的两周后永远都不会到来了……和老人们相互陪伴的时光里，他们让我在异国他乡感受到了家的感觉，是他们教会了我织围巾，但围巾在春天织好的时候，我却没有机会给他们看一看，这成了我最大的遗憾。

在我与芬兰"相识相知"的三度春秋中，有机遇，有挑战，有播种，有丰收，有情谊，有遗憾，有快乐，有泪水，也正因如此，才够真实。四季还在继续轮换着，我与芬兰的故事也将继续下去。

合作篇

中国大熊猫落户芬兰的故事

雅娜·胡苏－卡利奥（芬兰农林部常务秘书）

从孩提时代起，我便十分喜爱中国的大熊猫。原因之一是对于我们芬兰人来说，芬兰棕熊是当仁不让的森林之王。熊在词汇丰富的芬兰语中有很多不同的名字。芬兰有许许多多关于这个爱吃蜂蜜的家伙的民间故事，一个比一个有教育意义。另外，许多芬兰小孩子依然怀抱着小熊玩偶进入梦乡。熊是一种很棒的动物，而仅生活在中国野外的黑白相间的熊猫是其中最棒的一个。

大熊猫华豹

芬兰人很早便知晓了大熊猫的濒危状况，因此保护大熊猫在原生环境中生存和繁衍的所有工作都十分重要且值得尊敬。在各个动物园中饲养大熊猫是这项自然保护工作的一部分。能在芬兰参与这项工作让我一直深感荣幸。

芬兰是森林和湖泊之国。就四季变换和温度条件而言，芬兰的地理位置对于我们的大熊猫客人来说十分理想。从一开始我们就清楚将把大熊猫安置在城市之外，并依照它们的自然生存环境尽可能地为它们提供最好的生活条件。艾赫泰里动物园是一个宽阔、宁静的地方，在中国专家的大力协助下，大熊猫之家的建设如顺水行舟。

我们为华豹与金宝宝起了芬兰语名字，皮吕（Pyry，意为大雪纷飞）与卢米（Lumi，意为白雪）。两国国家元首中国国家主席习近平与芬兰总统绍利·尼尼斯托在赫尔辛基的签字仪式上共同确认了关于中国大熊猫将抵达芬兰的决定。芬兰在 2017 年庆祝独立一百周年，在我看来，大熊猫来到芬兰的协议是庆典之年的最大亮点之一。

在 2018 年 1 月大熊猫抵达芬兰之前，我们做了大量的准备工作。中国与芬兰在林业方面有着数十年的合作经验。中国与芬兰的专家在两国间的年度会议、各种合作项目以及访学中获益匪浅。在林业合作的基础上，我们建立了大熊猫合作保护项目。项目的协商工作进行得十分顺利。与中国国家林业局局长率领的代表团的会晤气氛十分热烈，是我公务生涯中最美好的记忆之一。当我们的部长离开会议室，我向局长表示感谢时，他对我说："芬兰将会得到中国最美丽的一只大熊猫。"他的话成真了。在卢米到达芬兰的一年之后，它被评选为中国境外动物园中最美丽的大熊猫！卢米在飞雪飘扬中来到芬兰那天，我第一次见到它时，就对它的美丽深信不疑！

在大熊猫来到芬兰之前，最重要的准备活动之一便是派遣艾赫泰里动物园的兽医与饲养员到中国学习如何照顾、护理大熊猫。我自己也有幸造访了成都大熊猫繁育研究基地。那次旅途给我留下了深刻的印象。我很熟悉兽医工作，因为我自己是学习兽医出身，在成都大熊猫基地的所见所闻都让我觉得十分有趣。我也看到了一些十分幼小的熊猫宝宝，了解了双胞胎宝宝如何依次得到熊猫妈妈的照顾。在野外环境下，熊猫妈妈通常只有精力照料一只熊猫宝宝，因而在动物保护基地内熊猫宝宝会被照顾得更好。熟睡的熊猫宝宝绝对是大自然最可爱的动物之一！

但是，最让我记忆犹新的是同一只稍大一些的熊猫的接触。我按要求穿上了防护服，坐在一只年轻的大熊猫身旁。饲养员送来一捆竹子，我观察着我身边的伙伴如何嘎吱嘎吱地享用它的美食。它的爪子抓着竹枝的动作多么灵巧啊！我小心地抚摸着大熊猫，它的眼神和毛皮都和芬兰的熊非常相似。大熊猫专注地看着我，出人意料地抬起爪子，送给我一段它的竹子！你们可以想象我当时有多么的惊讶。每每想起这只大熊猫的眼神，我仍然为之动容。我自然地把竹子还到熊猫的爪子里，留给它吃。

中国大熊猫乔迁
芬兰途中

在机场欢迎中国使者大熊猫抵达

　　2018 年 1 月 18 日，卢米与皮吕乘坐专机来到芬兰。它们离开时，中国举行了盛大的欢送仪式，芬兰驻华大使肃海岚先生为它们送别，祝福它们旅途平安、一路顺风。兽医和饲养员与大熊猫们同行，在旅途中细心关注着它们的健康状况。从中国到芬兰的飞行十分顺利，从赫尔辛基到艾赫泰里的汽车转运亦是如此。我们还在机场隆重欢迎大熊猫的到来，许多人前来参加欢迎仪式。

　　在欢迎仪式之后，我跟随转运车队来到了艾赫泰里，为的是看一看大熊猫如何面对它们的新家。艾赫泰里的居民们热情地欢迎了贵宾们的到来。我觉得似乎整座城市都前来迎接中国的国宝。崭新的熊猫之家此时也已经准备完毕。当转运箱依次打开，两位旅客平静地爬出了箱子，它们经过长途跋涉显然有些疲倦了。两只大熊猫并不着急，对新环境没有表现出丝毫困扰或者害怕。它们平静地转了一圈，喝了许久清水。皮吕很快标记了它的地域，仿佛在说："我现在住在这里了！"

第二天早晨，卢米与皮吕得以熟悉一下它们的围栏区域。它们平静地四处转悠和攀爬，用鼻子用力地嗅了嗅新家周围的环境。皮吕仔细地标记了自己的领地。

最终，在确认自己已经充分了解了周围的环境以后，它们坐在新鲜的竹子旁边，开始安安静静地进食。我在北京曾对中国国家林业局局长说："在芬兰我们一定会为大熊猫提供中国境外最好的生活条件。"对此我十分自信。在这一点上，心满意足、安安静静地嚼着竹子的两只大熊猫似乎看法与我完全一致。

在卢米与皮吕接受大众的观赏之前，我们很自然地对它们进行了隔离，这样它们可以在长途旅行后完全恢复身体与精神状态。两只大熊猫适应新居的过程从一开始便进行得十分顺利，当然，它们彼此之间也很感兴趣。隔离期在 2018 年 3 月 3 日结束，正式的开园仪式也在当天如期举行。在精湛的文化表演以及总理尤哈・西皮莱与农林部部长亚力・莱帕的致辞之后，中国驻芬兰大使陈立也不无赞美地讲述了大熊猫的重要意义，同时开玩笑般地把卢米与皮吕称为自己的大使同事。我听到大使先生称呼我为熊猫妈妈，大熊猫的芬兰母亲。我为自己能得到这样的称谓感到十分自豪。卢米和皮吕对此并不知情，但是至少以后，当有人

参加大熊猫开园仪式

和它们聊天，来看望它们时，它们会多次看到我，听到我的名字。中国国家林业局野生动植物保护与自然保护区管理司司长杨超将皮吕与卢米的谱系档案赠给了芬兰。谱系档案存放在芬兰农林部的一个尊贵地方。访客看到谱系档案时也会听到卢米与皮吕长途旅行来到芬兰的故事。

我曾经多次到访中国。在林业合作之外，中国与芬兰也在供水与提升水质等方面进行了许多合作。在食品贸易方面，我在芬兰和北京也见过许多不同领域的中国专家与决策者。中国同芬兰的合作一向十分顺利，双方共同寻求解决实际问题的方法。我也得以了解中国丰富多样的饮食文化，体验了缤纷的味觉世界。但是我最美好的记忆却是上面讲述的大熊猫合作项目与那一次促成华豹与金宝宝定居芬兰的到访。和艾赫泰里动物园以及在中国的大熊猫专家一样，我有一个很大的愿望，就是希望卢米与皮吕能够成功地诞下健康的后代。为此，一切都已经在妥善计划中。我期待着在艾赫泰里第一次看到一只或者许多只熊猫宝宝的那一刻。我十分确信在芬兰很多人同我有着一样的期许。我已经为未来的熊猫宝宝想好了名字：雅娜（Yana）。就像卢米与皮吕一样，每年冬天，它也会在芬兰的艾赫泰里享受那皑皑白雪。白雪大熊猫的称呼十分贴合在芬兰享用竹子的大熊猫的主题。

安居在芬兰的中国大熊猫金宝宝（卢米）

我眼中的三位芬兰人和芬兰创新

娄永琪（同济大学设计创意学院院长）

世界上大多数传奇都是人的传奇。同样，这个世界的各种事件，归根结底，都是人和人之间的关系使然。很感谢有机会能作为中芬合作的亲历者，用一个非常个人的视角记录我对芬兰设计和创新的一些见闻和感想。我的故事将围绕三位芬兰人展开。

一、索达曼（Yrjö Sotamaa）
——全球视野的设计教育家

2008 年，时任同济大学校长的裴钢院士基于对未来时代新需求的展望和同济大学第二个百年发展的战略思考，推动整个艺术设计系从建筑与城市规划学院独立出来，成立一个全新的学院——这就是现在的同济大学设计创意学院，时任建筑与城市规划学院院长吴志强教授担任首任院长。学院成立前，我负责邀请 10 位世界最为顶尖的设计院院长、学报主编和设计组织主席组成了国际咨询委员会，索达曼（Yrjö Sotamaa）教授受邀担任了国际咨询委员会主席。

我认识索达曼教授是因为 2006 年在法国南特召开的 CUMULUS 国际艺术设计院校联盟大会。CUMULUS 是当今唯一艺术与设计领域的全球联盟，会员几乎囊括所有世界一流设计院校。索达曼教授是

索达曼教授

CUMULUS 的发起人和首任主席。2006 年 CUMULUS 正式从欧洲联盟转型为全球联盟，我和何人可教授分别代表同济大学和湖南大学加入联盟，酒会上索达曼教授特地走到我和何人可教授的桌上来敬酒祝贺，并说："中国是设计的未来。"

　　在芬兰的设计界，索达曼教授是一位家喻户晓的大家，他曾经担任北欧最大和最著名的设计学府芬兰赫尔辛基艺术设计大学校长 25 年之久，先后获得了芬兰国家功勋、荷兰女王勋章、日本文化勋章等荣誉。他推动了芬兰国家设计战略的制定，使设计成为芬兰国家创新体系的重要组成部分。至今，芬兰的全球出口约有 70% 是"设计密集型"出口，芬兰企业 Nokia，Marimekko，Iittala，Fiskas，Kone 等都是以技术和艺术的完美结合而闻名于世。2005 年，索达曼基于"设计思维"提出将芬兰最为重要的三所大学——赫尔辛基理工大学、赫尔辛基经济学院和他所在的赫尔辛基艺术设计大学合并为一所创新大学，后来这所大学以芬兰最为著名的设计师阿尔瓦·阿尔托的名字命名，这就是现在的阿尔托大学。所以他也被公认为是阿尔托大学的缔造者。2010 年 1 月 8 日，在芬兰总统的见证下，阿尔托大学的首任校长从索达曼教授手中接过了阿尔托大学的校旗，阿尔托大学正式成立。第二天，同济大学就和阿尔托大学签署了战略合作协议，成为这所新大学的第一个全球战略合作伙伴。而这时候，索达曼教授的身份已经是同济大学的讲席教授了。

故事要回溯到 2008 年末，索达曼教授和英国皇家艺术学院的老校长 Tony Jones 在参加完筹办同济大学设计创意学院首次国际咨询会后，一天晚上，约我出来喝酒。索达曼教授和我回顾了他早年追随巴克敏斯特·富勒（R. Buckminster Fuller）和维克多·帕帕奈克（Victor Papanek）的经历，并对我说："这个世界不缺一个优秀的建筑师，但缺乏设计教育的革新者，你应该去承担这个使命。"我很快就被说服了，放弃了我自己的职业设计生涯，全身心地投入把学院建设成世界一流的进程中来。

2009 年，同济大学设计创意学院在没有启动经费的情况下宣布成立。万事开头难，我给索达曼教授通了一个长电话，邀请他来草创期的新学院工作。经过一段时间的考虑后，他欣然同意，当年就携夫人来到了中国。由于学院没有经费，我请上海永久自行车公司赞助了一个教席给索达曼教授，于是他开始了"同济—永久"教授的生涯。我们在他大学路的公寓里，无数个夜晚的促膝长谈，一步步地把关于学院的设想变成落地的方案。

索达曼教授在同济一干就是四年，先后获得上海白玉兰奖和中国政府友谊奖，两次受到党和国家领导人接见。同济大学设计创意学院也以其与众不同的定位、国际化的办学模式成为国际设计教育领域的一匹黑马，先后入选国家的"双一流"计划和上海的高峰学科。2016 年，同济大学与芬兰阿尔托大学联合建立的同济大学上海国际设计创新学院中外合作办学机构获得教育部批准。到 2018 年，同济大学就在 QS 全球"艺术设计"学科排名中位居亚洲第一，之后连续保持纪录至今，2020 年的最新排名是全球第 13 位，超过了斯坦福大学等一批著名院校。

二、埃卡曼（Kalevi Ekaman）
——跨学科创新的先行者

为了给未来的设计创意学院打造一个原型，我和索达曼教授决定在同济大学试行跨学科创新平台。2010 年 2 月，在新成立的阿尔托大学设计工厂（Design Factory），我与包括阿尔托大学首任校长 Tuula Teeri 在内的芬兰同事们一起就双方首个合作项目——同济大学中芬中心进行"头脑风暴"。

在参加工作坊的芬兰人中，毫无争议的主角是埃卡曼（Kalevi Ekaman）教授。他在阿尔托大学成立前是原赫尔辛基理工大学的副校长，从 1997 年就开始探索工程教育的未来，认为设计应该成为教育创新的新驱策力。经过无数的探索，设计工厂最终于 2008 年 10 月成立。事实上，这也成为筹办中的阿尔托大学的原型。在这里，具有不同学科、文化、职业背景和经验的人通过"设计思维"凝结在一起，通力协作，经过对各种社会问题的独到观察和创造性解决策略的探索，创造出原创的、突破性的成果。设计工厂特别鼓励科学、工程、商业、设计、艺术和人文的交叉。

在空间上，设计工厂给人以充满欢乐、无拘无束的感觉。它是全天候开放的，特别强调人与人之间的互动和协作。里面有一个开放厨房和

同济大学中芬中心

咖啡区，所有房间都是共享的，楼下还有好几个桑拿房。芬兰人其实是很闷的，所以设计工厂在厨房特地设了一个"拥抱点"，来打破拘谨，鼓励对话和互动。项目式学习（PBL）是设计工厂的基本教学法和研究策略。学生为本、基于问题、基于项目、鼓励动手、快乐驱动，是设计工厂所有成员的共识，也正因为这个文化，设计工厂才聚集了各种卓尔不群的人才和不胜枚举的合作企业。

设计工厂是一个找寻、孵化和实施新想法的创新环境，每年开设约40门课程，惠及1200名学生，他们每年都发表大量的学术出版物，或是在设计工厂完成硕士和博士论文。设计工厂可以称得上是一个5A级的景点，每年有超过1万名来宾参观，其中既有瑞典国王、俄罗斯总理等政要，更多的是慕名而来探索芬兰创新教育奥秘的各界人士。设计工厂是充满活力、温暖和惊喜的地方，它汇集了一群有梦想、不循常理、

娄永琪教授向时任阿尔托大学校长
Tuula Teeri 描述学院发展未来。

不甘平庸的年轻人。而这个有魔力的磁场的核心是设计工厂的缔造者埃卡曼教授，一个快乐的单身汉。在我看来，设计工厂就是他的孩子。几乎所有设计工厂的核心成员都是他的铁杆粉丝，他们尊敬他，热爱他，像对老师，也像对父亲。人们亲切地叫他 Eetu，或称他的中文名艾渡。

充分授权是艾渡教授的一个重要管理理念。2010 年 2 月在阿尔托大学的工作坊，我们决定把设计工厂的理念带到中国，在同济大学设立一个"同济—阿尔托设计工厂"，这也是设计工厂走出芬兰的第一步。3 月，艾渡教授派了三位年轻人来同济，Viltsu、Ville 和 Esmi。我还清楚地记得开车从机场接他们回来的路上，他们问我："有空间吗？"我回答说："没有。""有预算吗？"我回答说："没有。""有团队吗？"我回答说："没有。"三位年轻人马上进入了长长的沉默。之后，我带着他们密集拜访了同济的各级领导，获得了他们的全力支持。特别是时任常

埃卡曼教授（前排左三）与同济大学吴广明副书记等在设计工厂。

务副校长陈小龙教授给了空间和资金上的关键支持。学院的施胤老师主动地承担了空间设计任务。两个月后，5月20日，"同济—阿尔托设计工厂"在2010年上海世博会芬兰国家馆日，也是同济大学校庆日顺利开幕。阿尔托大学和同济大学的两个设计工厂通过实时网络视频实现了无缝连接，两地的成员可以随时在屏幕前互动。开幕式上，100名阿尔托大学的学生坐火车从赫尔辛基到上海助力成为活动的高潮。第二年，同济大学也派出100名学生坐火车从上海到了赫尔辛基。所不同的是，我们把这个旅程设计成了一节"移动课堂"，学生要在移动中完成一系列的校企合作研究，并在赫尔辛基展出。作为芬兰小分队领队的Viltsu每当回忆起这段经历的时候，总说要不是艾渡教授当时像把一个小孩扔进游泳池一样派他们出来，他们是永远无法体会到其间的精彩的。

随着"同济—阿尔托设计工厂"的开幕，同济大学中芬中心也正式成立了。中心通过"设计思维"整合设计、科技、工程和管理学科，与世界主要大学合作，不仅开设了"移动课堂""中芬跨学科辅修学位课程"等一系列耳目一新的创新教学项目，更与海尔、诺基亚、通力电梯、松下等企业开展了卓有成效的跨学科研究。2011年中心与斯坦福大学的D-School等一起被Monocle杂志评为全球5个高校创新平台之一。之后，设计工厂又进一步推广到澳大利亚、智利、瑞士、韩国、葡萄牙、荷兰和美国等国，从而成为一个影响全球的国际网络。一群和艾渡教授一样热爱创新、志同道合的灵魂终于有了一个没有边界的社群。

三、韦斯特巴卡（Peter Vesterbacka）
——不安分的连续创业者

阿尔托大学设计工厂底楼是桑拿区，有好几个不同的桑拿房和一个充气水池。桑拿是芬兰文化和创新不可或缺的一部分，阿尔托大学成立后，所有的校领导在桑拿房里开了个高层会议，以示大学开放创新的理念。设计工厂的桑拿房对面是一个厂房，里面是Startup Sauna运营的一个共享办公加速器空间。支持这个由学生推动的创业社群的大咖中，"愤怒的小鸟"Rovio公司的创办人韦斯特巴卡（Peter Vesterbacka）是最为知名的人士之一。

我2010年第一次见Peter的时候，"愤怒的小鸟"这款游戏正如日中天，2011年他入选了《时代》周刊年度百人榜。他整天穿着绣着愤怒的小鸟"神鹰"（The Mighty Eagle）形象的红色套头衫蹦蹦跳跳地到处推广公司和游戏。熟悉他的人都知道，他是一个连续失败者，"愤怒的小鸟"是他的第53次尝试，前面的创业经历大多是以失败告终。

韦斯特巴卡在同济大学主办的
WIEE 大会演讲。

所以我经常说，这么不靠谱的履历，如果在上海，一定没有丈母娘会把
女儿嫁给他。

正因为他自己的坎坷经历，所以他对创业者和青年人情有独钟。他
不仅投资了 Startup Sauna，更是不遗余力地推广在 Startup Sauna 里
孵化出来的 Slush，在他离开"愤怒的小鸟"之后，更是如此。Slush
原意是将融未融的雪和泥混合在一起的状态。芬兰漫长的夜晚，泥和雪
混在一起，举步维艰。这个名字很好地形容了创业的状态。我参加的
第一次 Slush 是在 2010 年的冬天，那时候只有 300 人的光景，但热烈
的气氛让人记忆犹新。Peter 一直是 Slush 的超级义工。Slush 中国的
CEO 王晨就是因为看到大名鼎鼎的 Peter 和众多志愿者们一起在某次

Slush 开幕之前跪在地上拼桌子而感动万分，义无反顾地加入 Slush 的。目前，Slush 已经发展成为当今全球最具影响力的科技创投大会。2018 年我参加 Slush 大会的时候，赫尔辛基总部的大会规模达到了 2 万人。2017 年开始，我推动同济大学和 Slush 一起举办 Slush 中国的活动，2018 年在嘉定的 Slush 上海规模也达到了 1.2 万人。Slush 可以说是最具用户体验的科技类创投大会。会场往往都是黑夜的基调，用来隐喻芬兰极夜的状态。创新的空间设计、绚烂的灯光、激情的演讲、热烈的表演、多样的展览，让身在其中的所有人兴奋和欢呼。这也难怪 Slush 有超高的人气和路演成功率。

在 Slush 如日中天的时候，Peter 又一次把眼光投入到新的兴趣点，他最近这段时间最重要的两大工作是打造一个人工智能教育的全球平台和众筹众创一个连接爱沙尼亚首都塔林和芬兰万塔机场的隧道。几乎近来每次我们见面，他都是非常兴奋地跟我分享这两个超级项目的进展。这个年过半百的连续创业者永远有着异想天开的疯狂想法和看似无穷无尽的精力。只有我们在深夜喝着酒闲聊的时候，才偶尔能发现他眼中一丝无法掩饰的疲态。尽管离开了"愤怒的小鸟"，红色套头衫还是他的标志性穿着，也许他也不时需要这个红色给予他一直前行的力量。

四、尾声

2014 年，我在欧洲转机的途中，习惯性地检查电子邮件。有一封芬兰外交部的邮件赫然在列，这是一封贺信："芬兰总统决定授予您狮子骑士团一级骑士勋章。"打那以后，我就多了一个外号"娄骑士"。事实上，我和芬兰的交集，于个人，完全是出于机缘巧合；于大历史，似乎又是必然。

当中国的经济发展到一定阶段的时候，创新驱动发展成为必然选择。而"设计驱动创新"作为继"技术推动创新"和"市场拉动创新"的第三种创新形式，自然而然地会浓墨重彩地登上中国发展的历史舞台。芬兰作为全球设计和创新强国，又是对华友好国家，中芬合作也成为历史的选择。我和这三位芬兰人的故事只是中芬建交 70 周年合作长河的一粒小水滴，但它折射出来的是芬兰创新的底层基因。

通力电梯的中国经验

安迪·赫林（通力电梯董事会主席）
马蒂·阿拉胡赫达 [通力电梯总裁（2005—2014）、现任董事]

通力电梯是目前中国市场上直梯与自动扶梯方面的领先企业，拥有 2 万多名员工，在中国各地有超过 500 个服务网点。公司业务范围覆盖新电梯的销售、维修与老旧电梯的现代化翻新以及一系列新型服务。

在中国的庞大市场上，通力电梯一直是行业的领先者。通力始终聚焦于员工培训、客户满意度的提高和可持续发展。下面我们通过几个案例来介绍通力如何一步步地走向今天的成功。这些案例的时间跨度涵盖从通力电梯在中国开始运营至 21 世纪第二个十年中期，这一时期展现了通力电梯在中国城市化进程中的发展和成长，为通力电梯在中国的持续发展奠定了坚实的基础。中国的市场充满活力，持续不断地在技术开发、人员培训和企业运营方面加强投入十分关键。

通力电梯开启中国市场

通力电梯于 20 世纪 80 年代开始进入中国。在运营初期，通力电梯在中国安装的直梯一般由芬兰生产，扶梯由德国生产。随着中国城市化进程的加速，显而易见的是，在中国拥有自己的工厂是成功的先决条件。90 年代中期，通力电梯开始在中国寻找合资伙伴并进行工厂选址。

1997 年通力电梯昆山工厂奠基典礼现场

经过精心调研之后，通力电梯于 1996 年与江苏省投资公司合资成立了昆山工厂，并于次年奠基。

中国当时分管科技的国务院副总理吴邦国 1997 年访问了芬兰。通力电梯领导层有机会在从芬兰至瑞典的游轮上接待吴副总理一行，并向他介绍了通力电梯新开发的无机房电梯技术。2005 年，时任全国人大常委会委员长吴邦国告诉当时正在中国访问的芬兰总理马蒂·万哈宁一行，他对那次乘船之旅和通力电梯的先进技术依然记忆犹新。在 20 多年后的今天，作为具有领先技术的电梯公司，可以说新技术也使通力电梯在中国获得了当之无愧的声誉。

1998 年 10 月，芬兰总理帕沃·利波宁在昆山工厂开业仪式上剪彩。此后通力电梯在中国发展成为首屈一指的电梯公司的势头更加强劲。

通力 MonoSpace 电梯

系列产品的多样化研发和扩展

在中国城市化进程不断加快的过程中，我们决定比以前更加敏锐地关注中国市场。我们发现中国市场的扩展比想象中更快。MonoSpace 型号电梯在市场上很受欢迎，但当时的目标市场仍只占整个市场的一小部分。我们发现，中国市场在楼房设计中都备有机房，我们应该将无机房电梯带入中国市场。开发工作迅速开展，并从 2005 年开始生产标准化的 MiniSpace 电梯系列。我们对于中国市场的了解也一直在加深，并且在接下来的几年中，我们适时以极具竞争力的方式成功地将新产品引入高层建筑和其他客户群。这使我们实现了快速发展。

在产品开发过程中，我们边运营边从更大的范围对产品质量、能源效率和可持续发展给予特别的关注。能源效率逐步得到显著提升，通力电梯由此不断加强了在这一日益重要的市场上的领先地位。通力电梯也一直长期积极致力于提升工作中的安全性，并取得了良好的效果。

通力电梯在业界一直以其创新能力和富于竞争力的新技术解决方案而闻名。而中国客户所看重的正是新技术。于是，共同的愿景为我们的良好合作奠定了绝佳的基础。

维修业务的发展

与业界竞争对手不同的是，我们从一开始就决定自己负责所安装设备的维修业务，从而建立了全面覆盖客户体验的通力品牌形象。业界的普遍做法是由分销商负责维修业务，客户还经常需要自行维修设备产品。

在很长一段时间内，建立高质量的维修运营是一项不小的挑战。多年来，我们需要成千上万的新的维修技术人员。培训规模很大，毕竟每一次维修都需要按照规定流程高质量地进行。我们还对我们的运作方式进行了改进。挑战是巨大的，但我们一步一步取得了发展成果。高质量的维修保障现在早已成为通力又一大竞争优势。

业务范围的扩大

通力的安装、维修和翻新改造业务要求通力要尽可能地接近客户。2005 年，通力在中国约有 50 个网点。我们一直在不断扩大我们的网络，几年后我们加快了向中国中西部地区的扩展。随着中国城市化进程的迅猛发展，我们希望能够在这些地区随时向客户提供服务。到 2010 年时，我们已经有了大约 500 个网点。我们的中国团队如此高质量地建设了这样庞大的网络，令人十分高兴。

合作伙伴

　　合作伙伴在中国开展业务的过程中扮演着重要角色。2008 年，我们率先建立了专注于战略性客户的机构，以服务大型建筑商在全国范围内的需求。要求严格的大客户一直支持我们改进产品、服务和交付时间，使我们在城市化进程带来的强劲增长中能够更好地提供服务。

　　大部分电梯和自动扶梯组件均由供应商制造。随着通力电梯的业务发展和成功，供应商在通力公司和其他大型电梯公司的带动下不断成长和国际化，特别是在江苏省形成了行业领先的零部件供应商集群。每年我们都会召集最大的供应商们参加年度会议，讨论如何一起高质量、可持续地发展，如何一起进行创新。通力和供应商两方的共同努力加深了我们的合作关系。

通力电梯安装在北京第一高楼

没有零售商合作伙伴广泛的销售网络，业务范围的扩大是不可能的。零售商对本地市场了解深入，并且为我们的业务发展提供了高质量反馈。我们还为零售商组织了一些活动，为不论是新手还是正在发展过程中的零售商提供产品和服务营销方面的培训和支持。在通力业务的发展过程中零售商也在不断成长并获得成功，也令人十分高兴。

员工培训

客户满意度、企业员工和文化的发展是通力的第一要务。在中国我们非常重视员工培训。我们的目标一直是提供最好的资源，通过岗位轮换、培训项目和导师制辅导等方式，为所有员工提供发展机会。

在培训项目中可以清晰地看到，我们的员工中 99% 为中国人，他们都非常有动力去学习新知识和发展自我。培训项目主要是全球性的项目。针对更大目标群体的项目都在当地实施。我们在中国的主要管理人员与来自世界各地的其他通力人员一起参加高层管理项目。

中国最重要的培训项目之一是 2008 年启动的"主管成长计划"。培训项目涵盖广泛的内容，包括流程中的角色理解、人员管理、公司发展方向的内部化。所有地区的一线员工主管都参加了这个大规模的培训。

针对大约 300 名重点人员的全球培训项目是通力提高员工技能的重要手段，同时也增进了来自全球各地的参与者之间的互动。

通力最高层领导与中国的联系非常紧密。这个领先市场的高管与通力全球领导之间的无缝合作非常重要。

通力电梯工业园

2004 年，通力的制造研发中心在昆山落成。除本地员工外，来自通力其他产品研发部门的研发人员也在那里工作。同样，全球其他地方的研发部门也有中国工程师工作。这促进了互学互鉴。

产品研发业务扩大，本地生产量也迅速增长。随着发展，当初的场地已经容纳不下。由于昆山市自身的快速发展，我们的场地无法再进行扩展。两年前，当作为董事会成员访问那里时，我们在位于我们原厂所在地的一家餐馆吃了一顿晚饭。

此时必须为通力业务打造新的业务中心了，于是通力电梯工业园应运而生。它是世界上最大的集直梯、扶梯生产工厂和广泛的产品研发以及其他技术应用为一体的工业园区。通力电梯工业园 2013 年的开园典礼是一次令人难忘的活动。我们对于建造这个工业园区的决定感到非常满意。

2016 年通力昆山工业园

2008 年北京奥运会

过去的 24 年里，通力在中国以实际行动支持了许多大型活动的举办，其中的范例有 2008 年北京奥运会、2010 年上海世博会和 G20 杭州峰会。

通力是北京奥运会最大的电梯供应商，为超过 35 个奥运会赛场提供了 1000 余部电梯，即在这次大型活动中有总计半数以上的直梯和扶梯都是由通力供应的。如今旅客抵达北京，从首都国际机场到各个地铁站，再到奥运村，他们在每一个环节都可以使用通力的电梯产品。

通力在中国城市化进程中的业务

本文的时间跨度截止到 21 世纪第二个十年中期。在此之后，通力也一直在其各个分支领域积极发展业务，例如提供新型产品、更快的交付时间以及通过固化客户群与新生大客户建立良好的合作关系。

在过去的 24 年里，中国的城镇化率从不到 40% 上升到超过 60%。这需要大量的基础设施投资，而通力一直是这一发展进程中的积极因素。

通力的产品在中国为 61 个机场、63 个中央火车站以及数不清的医院、学校等单位提供服务。此外，通力也一直在为中国各地的住宅楼和办公楼提供大量的产品。2020 年，我们举行了通力中国第 100 万台设备发运仪式。

通力的服务态度一直是通力在中国取得成功的关键因素之一。年初应对新冠肺炎疫情就是我们团队主动服务客户的一个优秀案例。当新冠肺炎疫情在农历新年暴发时，我们的许多员工放弃休假，在全国范围内

2020 年庆祝通力中国第 100 万台电梯发运仪式

随时为设备维护和防止病毒传播作出自己的贡献。

有一个感人的案例就发生在疫情中心——湖北省。我们的武汉团队在大别山区域医疗中心出色地完成了任务。该场地必须在 48 小时内改建为拥有 1000 个床位的医院。即使困难重重，我们的团队仍夜以继日地工作，共同致力于使医院在预定时间内开放。我们的团队在这一特殊情况下所承受的压力难以想象。最值得高兴的是，我们的团队不仅成功地完成了这一挑战，而且在整个过程中无一人受到感染。这些技艺高超的技术人员是我们的英雄！

中国的城市化进程还在不断向前推进。中国的市场正在进入一个新的阶段，在这一过程中将会比以前更加强调服务的重要性。当设备基础

2020 年通力支持大别山医疗中心小组

老化，良好的维修服务对获得较好的用户体验满意度则十分关键。基于物联网的维修解决方案等数字化服务正在取得突破。通力也是提供这些服务的领先公司。中国政府正在积极推进面向客户的远程维修解决方案，以便能够始终确保维修质量和设备安全。持续培训熟悉业务的员工，在现阶段再次成为取得成功的关键。我们将继续积极地发展中国业务，从而成为我们在华 2 万多名员工更好的雇主，成为我们的客户和零部件供应商更好的合作伙伴。

平等互利双赢，经贸合作典范

——记芬兰诺基亚公司在中国

李光云（中国前驻芬兰使馆商务参赞）

2020 年 10 月 28 日，是个不平凡的日子。70 年前的今天，宁静秀丽的千湖之国芬兰，成为最早承认中华人民共和国并与之建交的西方国家之一。从此，中芬关系翻开了新的一页。

半个多世纪的岁月里，国际风云波澜汹涌，变化万千。我们欣喜地看到，中芬传统友好关系一如既往，经受住了各种考验。中芬两国相互尊重，平等互利，合作双赢，成为国与国关系的典范。

从 1973 年留学开始，我先后在中国驻芬兰使馆经商处工作了三任，直至 2007 年退休，其间在芬兰整整学习工作了 21 年，最后一任商务参赞任期更是长达 10 年。这超过五分之一个世纪里，我有机会亲眼看到了芬兰的发展、社会的进步，看到了中芬经贸关系的突飞猛进。作为商务外交官，我参与了各种经贸活动，见证了那个时期中芬经贸关系发展的历程。在中芬建交 70 周年之际，我不禁浮想联翩，愉快地回忆起中芬之间的友好故事，特别是诺基亚与中国的成功合作。

一、诺基亚中文名字的由来

诺基亚这个品牌，在中国家喻户晓。曾经稳居世界移动通信第一

李光云与诺基亚副
总裁韦·圣伯(Veli
Sundbäck)

把交椅的诺基亚,它的辉煌岁月,正如华为总裁任正非不久前接受采访时所评价的,诺基亚手机的质量,至今仍然令人难以忘怀。

说到 Nokia,由于本人工作上的原因,也算是有缘,家喻户晓的 Nokia 中文名字"诺基亚"正是出自笔者之手。起名的经过颇有些戏剧性。

1985 年,我在中国驻芬兰使馆任商务三秘。夏季的一天,我接到一位范樟年先生的电话,称他是诺基亚公司驻北京代表处(大中华区)的首席代表,从北京出差到芬兰,希望约个时间,到使馆拜会商务参赞,并在商务处用餐。我后来了解到,他是美籍华人,其父范寿康,是起义有功的国民党将军,新中国成立后任职全国政协委员。我接了这个电话后,觉得非同一般。拜会商务参赞的愿望,属于正常,但要求宴请他,且没有客气之意,我还是首次遇到这个情况。我心想,他口气这么大,可能有点来头?根据这个情况,我礼节性地回道,我需要请示后再答复。外事无小事,外交是有规矩的。我未敢怠慢,很快报告了商务参赞,并请示了大使,办完了请示程序。国内主管部门很快来了指示:秘书可以会见并宴请。接到这个指示,我们心中有了数,说明范先生还真有点背景,不是捕风捉影。因此,顺理成章,由我接待并宴请。

2004 年李光云
为诺基亚题名。

　　席间，范先生介绍了 Nokia 的情况，其中就包括在华设立代表处筹备工作。他说得很具体，代表处地点设在北京饭店 5 楼，地方挺大，尚在筹备之中，他目前还是"光杆司令"，夫人沈国英是他的助手（后来接班首代）。范先生说，代表处中文名字还没有定，国人说外文名字不方便，需要中文名字，但芬兰文 Nokia 的 Ki 这个音节翻不好。因此，他对我说，你懂芬兰文，芬兰文的 Nokia，看看直译怎么样。搞清楚范先生的意思后，我向他解释，芬兰文 Nokia 译成中文并不困难，因为我们有新华社制定的翻译对照表，对照翻译，比较标准。考虑了一下，我就把"诺基亚"三个字写在了范樟年先生的名片上。范先生问，这三个字是什么意思？我解释，是按发音翻译的。诺基亚三个字逐字解释的意思是：诺＝诺言，基＝基础，亚＝亚洲，连起来就是诺言基础盖亚洲。范先生表示，意思不错，也顺口，不过需回北京后再定。他便顺势把名片放进了他的衬衣口袋。此事也就到此为止。后来知道，驻北京代表处的中文名字，范先生采用了我翻译的"诺基亚"三个字，从此确定并传开了。其实，我和我的同事为外国公司起个中文名字，很平常，没有特别当作一回事。只是后来，诺基亚其名家喻户晓，时不时有人问及诺基亚中文名字的来历，特此作个说明。

二、诺基亚在中国

芬兰是世界移动电话先驱国家之一。诺基亚公司是芬兰移动通信技术的旗舰。1865 年，一个以 Nokia 镇取名，以锯材加工起家的家族公司 Nokia Oy 创立。历经一个多世纪，逐步扩展到纸业、胶鞋、轮胎、电缆、电视和音响等领域。但直至 20 世纪 80 年代，诺基亚仍是一个普通的综合性公司。在涉足移动电话制造以前，20 世纪 50 年代曾与我国有过贸易联系。

80 年代末，东欧剧变前夕，市场不稳，诺基亚在国外的收购出师不利，出现严重的财务危机。经过一段艰难的探索，企业开始进行战略转移，重点发展移动电话，开拓国际市场。诺基亚开始重视中国市场，于 1985 年来到中国。当年，诺基亚在北京首次设立代表处，业务囊括"大中华区"。从这一年开始，诺基亚与中国合作伙伴一起，经历了艰苦的努力，取得了骄人的巨大成绩，谱写了诸多合作双赢的故事。

诺基亚在中国实行本土化战略，着力提升诺基亚全球竞争力。在 1985 年至 2010 年的 25 年时间里，诺基亚在华创造了诸多世界纪录。

1985 年至 2000 年，十年磨一剑，诺基亚主要做好打基础工作：与大学、研究所等建立研发合作关系网，从事符合中国市场使用规范的科研项目，选择合作伙伴，先后在北京、东莞和苏州成立 3 家合资公司，生产手机和网络设备（基站），搭建销售渠道网，满足中国市场，面向世界出口。

1991 年，诺基亚向香港电信 CSL 提供亚洲第一个 GSM 网络；

1993 年，率先在中国推出 GSM 移动电话；

1994 年，向北京电信局提供 GSM 系统和手机，时任邮电部部长吴基传开通了我国移动通信史上第一个 GSM 电话；

1995 年，东莞工厂竣工，生产按键功能手机，是当时世界上最大的手机制造商之一，手机年产量高达 1 亿部，至 2014 年关闭，累计生产 10 亿部按键功能手机；

1996 年，向中国提供第一个国际漫游网，推出支持简、繁体中文短讯的移动电话；

1997 年，交付中国第一个 GSM1800 网络；

1998 年，签订了中国第一个双频网络合同，推出中国电信业第一个无线数据中文版，推出手机中文输入技术；

1999 年，向中国台湾地区提供亚洲第一个 GPRS 网络；

2000 年，苏州工厂落成，生产蜂窝网络、全国漫游基站和传输产品，主要面向中国和东南亚用户。

与此同时，诺基亚在全球市场突飞猛进。1998 年，诺基亚手机销量首次超过摩托罗拉手机，这一里程碑事件标志着诺基亚登上世界手机第一把交椅，其他对手被远远抛在后面。2000 年，诺基亚手机全球销量已达 1.25 亿部，是 1990 年的 50 万部的 25 倍。

21 世纪头十年，诺基亚进入最辉煌的鼎盛时期，频频打破世界纪录，手机销量井喷式增长。诺基亚股市市值高达 6000 亿欧元以上，曾夺欧洲第一大企业桂冠；年销售额曾高达 600 多亿欧元；全球员工最多时达 12 万人；占全球手机市场份额三分之一；单一公司年上缴税收占芬兰财政收入的 15%，史无前例；1990 年至 1992 年，熊市股价 2.6 芬马克，约合 0.4 欧元，分割 5 次后的 2000 年牛市股价 65 欧元左右，创下世界股市史上的神话。

作为跨国公司，诺基亚同中国的合作，是平等互利双赢的一个成功范例。双赢有舍有得：从 1985 年来到中国后的 20 多年里，诺基亚以

2002 年，诺基亚董事长奥利拉、副总裁韦·圣伯与中国驻芬兰大使吕新华交谈。

各种形式带来近 70 亿欧元的投资；成立多家合资企业，建立世界级手机生产基地和网络设备基地；累计提供至少 6 万个工作岗位，成为在华外资纳税大户之一；认真进行技术人员培训，引入管理经验；更重要的还有，引入了世界无线通信先进技术和高效的市场解决方案，创造了中国移动通信的诸多第一，开辟了全新的中国移动信息道路，芬兰诺基亚为此作出了重要贡献。

以诚合作，收获也是空前的。诺基亚手机在世界最大市场中国，成为最受欢迎的品牌之一，占有中国三分之一的手机市场份额长达近 15 年。其间，年销售额高达 160 亿欧元。诺基亚获益丰厚，不言而喻。诺基亚在华工厂生产的手机出口业务，作为诺基亚全球战略支撑，为诺基亚提升全球竞争力立下了汗马功劳。诺基亚在华长期合作发展形成的广泛人脉资源，是无价的宝贵财富。所有这些，成为诺基亚全球生产、研发和销售网络的重要组成部分。为表彰诺基亚合作所作出的贡献，2002年8月14日，北京市市长亲自授予诺基亚董事长约玛·奥利拉（Jorma Ollila）荣誉市民称号，他是亚洲以外获此殊荣的第一人。

三、诺基亚成功的秘籍

芬兰之所以能创造出一个诺基亚，不是偶然的，是芬兰大的环境使然。芬兰社会环境好，重视教育，强调培养独立思考能力；重视科技，国家科研体制分工明确，鼓励潜心从事科研创新，支持发明创新政策措施得力；诚信守规，办事认真，一丝不苟，等等。这些是科研创新的基本条件，有了这些天时地利条件，有志者，自然能如鱼得水。

以1989年前后诺基亚走出困境为例。当年诺基亚进行战略调整改革，财务危机深重，到了难以为继的地步，甚至有人要把诺基亚卖给爱立信，爱立信都看不上。在这个时候，芬兰独立基金会Sitra（隶属国会，非营利机构，专注国家前途战略研究）经过评估，相信诺基亚有前途，遂鼎力相助，决定认股5亿芬马克，解燃眉之急，此举实际上挽救了诺基亚。根据芬兰法律，国家融资支持企业主要方式为贷款或认股，但不是白送。融资认股，但不参与经营。支持的企业成功了，功成身退，卖掉股票获利；失败了，贷款或融资打水漂。芬兰独立基金会认购诺基亚成为最光彩的一个范例。诺基亚取得了成功，芬兰独立基金会功成身退，乘高峰时退出，转让股票，据说净赚60多亿欧元。芬兰独立基金会眼光长远，在他们看来，资本增值当然是好事，但更重要的是，支持涉及国家前途命运的项目，给国家带来的好处是无法估量的。这进一步说明，国家大环境是诺基亚成功的基础。

Vice Minister
Mr Zhang Xiaoqiang
National Development and Reform Commission
NDRC
March 22, 2007 Nokia House

2007 年李光云（右二）陪同中国国家发展和改革
委员会副主任张晓强（左五）访问诺基亚。

诺基亚成功的另一个原因，是当年诺基亚领导层的领导风格。

1990 年 3 月，40 岁的商学硕士、财务经理约玛·奥利拉接任诺基亚总裁，所谓诺基亚 – 奥利拉时代拉开了序幕。受命于危难之时的他，缺乏生产企业的管理经验。但他很谦虚，坦率地告诉大家，他要学习。奥利拉雷厉风行，上任半年期间，他下到基层搞调研，与职工打成一片，吃在公司食堂，和员工一起排队打饭，面对面讨论问题，探讨诺基亚的发展方向，倾听员工意见。公司设有意见箱，包括通过其他方式，听取并奖励被采纳的建议。通过调查和学习，他得到了第一手信息，受益匪浅。奥利拉谦虚谨慎的领导风格，产生了带动效应。决策民主，符合实际；士气提振，信心增强；管理有方，效益提高。亲民的做法，也很得人心，形成了团队精神。

这个时候，诺基亚具备了天时、地利、人和的条件，水到渠成，成为王者。

四、结束语

2011 年 2 月 11 日，诺基亚与微软达成全球战略同盟协议，合作研发 Windows Phone 操作系统。

2012 年，诺基亚全球手机销量第一的地位被三星超越，长达 14 年的市场霸主地位结束。

2013 年 9 月 3 日，微软收购诺基亚协议（72 亿美元）签署，标志着芬兰诺基亚手机时代的结束。位于埃斯堡（Espoo）诺基亚总部的 Nokia 牌子谢幕，微软登台。

芬兰人的诺基亚手机时代的结束，是一个非常遗憾的事情，但也提供了很多有益的启示。国际形势错综复杂，高新技术一日千里。微软收购了诺基亚，主人换了，但诺基亚的品牌仍然保留。诺基亚拥有的科研实力，尤其是网络通信基站技术仍然相当先进，包括在 5G 智能手机技术方面，都有发明专利，不可小觑。

芬兰人的诺基亚，是我们熟悉的好伙伴、好朋友。诺基亚在中国进行的全面合作，演绎出了很多平等互利双赢的友好故事。我们怀念芬兰诺基亚的合作精神，怀念诺基亚手机的质量。

祝愿微软旗下的诺基亚，继承友好传统，继续加强移动通信技术合作，包括 5G 技术合作，与中国合作伙伴一起，谱写符合时代的新篇章。

他山之石
——中芬创新合作

朱梓齐（中关村科技园区驻芬兰代表）

中芬建交 70 年里，两国的经贸合作不断得到顺利发展。近年来，两国又开启了创新合作，我本人有幸参与了这一合作。

1998 年 9 月，我来到芬兰赫尔辛基大学读 MBA，2000 年 3 月毕业回国。

回国后的 12 年中，我一直在北京的科技企业工作，从来没想过会有机会再次回到芬兰，而且是作为中国最知名的科技园区——北京中关村科技园的代表。2012 年 11 月，"中关村芬兰创新中心"正式挂牌成立，我成为创新中心的首席执行官，并一直工作至今。

中关村的发展见证了中国科技产业的腾飞。从 20 世纪八九十年代的中关村电子一条街，到 2000 年开始建设的中关村软件园，中国科技企业从组装硬件到开发软件，从业人员从以本土科研工作者为主，到海归科技精英云集，产业形态和企业竞争力都不断提升。中关村的概念已经从最初的电子一条街，发展到现在的一区十六园、488 平方公里的地理范畴。2004 年，我来到中关村软件园公司工作，主要负责为园区企业提供各种服务。因为留学芬兰的原因，从 2005 年开始，我们每年都会组织中关村的机构和企业到芬兰、瑞典等北欧国家访问，学习北欧科技园、孵化器如何为科技企业提供增值服务。

应该说中关村科技园 2012 年在芬兰设立创新中心是恰逢其时。中国经济经过 30 年的发展，在资本市场的推动下，从 2010 年开始，中国科技企业有规模地走向海外，投资并购当地企业。"中关村芬兰创新中心"的成立，就标志着中关村的企业服务体系延伸到了北欧地区。

中芬合作在两国领导人的悉心关怀和持续推动下稳定发展。2012 年，中关村芬兰创新中心成立后，积极组织中关村企业来芬兰考察，先后促成北京信和洁能公司投资芬兰 AAVI 科技公司，广联达公司投资 Progman 公司，中科创达公司投资 Rightware 公司等多个成功案例。2011 年到 2019 年期间，共有 11 家中关村企业来芬兰投资发展，北京成为在芬兰投资的中资企业的最大来源地。2015 年，创新中心成功地将芬兰最大的创新创业大会 Slush 带到北京，第一届 Slush China 在北京中关村软件园成功举办，吸引了 3000 多名企业家和投资人参会。

2017 年 4 月，中国国家主席习近平对芬兰进行国事访问。两国领导人确立了中芬面向未来的新型合作伙伴关系，为中芬友好合作奠定了新的基础。在访问期间，两国领导人共同见证了"中芬创新企业合作委员会"（简称"企委会"）的成立，它成为推动两国企业界合作的新平台。鉴于我们在芬兰开展工作得到了芬兰政府和企业的广泛认可，我的上级母公司中关村发展集团被推选为企委会的中方主席单位，芬兰的知名企业诺基亚公司成为芬兰方面的主席单位。目前中芬企委会共有会员 100 多家，下设能源、森工、清洁空气和海运物流等四个工作组，分别开展工作。

随着越来越多的中资企业来到芬兰投资发展，2018 年 10 月，在芬兰的 20 多家中资企业发起成立了"芬兰中资企业协会"。芬兰经济就业部、外交部、芬兰工业联合会（EK）、芬兰国家商务促进局（Business Finland）、芬兰国际商会、Helsinki Business Hub（HBH）以及赫尔辛基市、万塔市、埃斯堡市等，都派代表出席了协会的开幕式。协会

芬兰中资企业协会成立暨揭牌仪式合影

成立的目的，是加强在芬兰的中资企业相互之间的沟通协调，分享信息，共享发展机遇。中关村发展集团芬兰创新中心被推举为会长单位，华为芬兰公司、中远海运芬兰公司、臻迪科技芬兰公司、中工国际芬兰公司、雅威科技公司、华夏良子公司等，成为第一届副会长单位。其他会员单位共有 30 余家，覆盖信息技术、电信、能源、制造、物流、服装等多个领域。2019 年 4 月，芬兰中资企业协会以团体会员的身份加入新成立的"欧盟中国商会"，从而在协会层面与欧盟其他国家的中资企业建立了信息沟通、资源共享的平台。

我本人引以为豪的是，2015 年 11 月，芬兰总统授予我本人狮子骑士团一级骑士勋章，以表彰我对促进中芬合作，特别是科技领域的合作所作出的贡献。我深知，这不仅是我个人的荣誉，更是对中关村促进中芬合作工作的肯定。从 2004 年到 2017 年的 14 年间，共有 10 位中国

朱梓齐被授予骑士勋章。

人获得了芬兰总统颁发的骑士勋章，这从一个侧面反映了中芬合作成果之丰硕。

中芬在创新领域的合作，着眼于优势互补，促进资金、市场与技术和人才的对接，实现互利双赢。多个平台的搭建，也为中芬两国企业相互切磋磨合，相互学习借鉴，提供了便利。芬兰在创新方面的经验和做法给予我们很多有益的启示。

几年来我接待了大量的国内来访代表团，来访者最关心的话题是芬兰这样一个 550 万人口的小国，为什么能够成为世界上竞争力名列前茅的国家？芬兰的自然地理环境并不优越，对比其他北欧发达国家，芬兰属于家底最薄的那一个。但芬兰人民通过自己的不懈奋斗，特别是在战后几十年的艰苦努力，取得了骄人的成绩。在世界经济论坛《2017—

2018 年全球竞争力指数排名》中，芬兰被评为最具创新性的国家，前沿技术储备排名第一，科学家和工程师储备排名第一，高等教育和培训排名第二，每百万人中研发人员有 7482 人，几乎是美国的两倍。在世界知识产权组织发布的 2019 年全球创新指数中，芬兰综合排名全球第六。

按照芬兰人的解释，改变国家命运的根本在于教育。俗话说，十年树木，百年树人。早在 100 年前的 1921 年，芬兰就制定了《义务教育法》，目标是所有适龄儿童都能上学并达到小学课程纲要的要求。1958 年，芬兰又颁布了《小学法》，将义务教育年限增加了两年。从 1972 年开始，芬兰的学校体系进行了彻底的改革，实行了九年制综合学校体系。芬兰的教育理念，不只是传授知识，而是带给学生一个快乐的人生。学校看重的不是学生的成绩，而是学生掌握学习的工具、学习的方法和培养学习的兴趣。如果学习可以给人带来快乐，那么学习将是持续一生的事情。持续一生的、快乐的学习，是创新的土壤和不竭的动力源泉。

另外一个因素就是芬兰的创新生态系统。企业家、创业企业、投资人、创新的支持者、国家政策、创新文化等，构成一套完整的创新生态系统。2013 年 9 月 3 日，诺基亚的官网宣布将手机部门出售给微软公司。这也成为芬兰经济进入衰退的一个标志性事件。从此芬兰陷入连续 3 年的经济衰退，债务水平接近欧盟规定的上限，官方估计失业率高达 13.4%。正是在这样特殊的经济、社会背景之下，血液中流淌着创新精神的芬兰人，迎来了"后诺基亚"时代的创业潮。创业离不开企业家与企业家精神。我在芬兰遇到的企业家有精英也有大批普通人。精英创业比较容易理解，而普通人创业凭借的是什么呢？本质上就是，将生活中遇到的一些困难或需求解决掉，让生活变得更方便、更美好。比如一位患有帕金森的老人无法自主进食，就发明了一个可以辅助自己进食的喂饭机器人；一位爱心父亲为了满足小女儿踢足球的愿望而发明了微型足球场；一位讲解创新课程的老师带领学生解决手机充电的连线问题，从而组建公司，生产不接触充电设备等等。而将一个新想法变成一个产品，则需要一个团队，甚至是整个社会的帮助才可以实现。由此，芬兰诞生出一批加速器，他们组织创业讲座，提供创业辅导，安排创业者与投资人见面。其中最知名的加速器包括"创业桑拿"(Startup Sauna)、"Maria 01"等，最知名的投资人见面会就是 Slush。全社会对创业者形成一种尊敬，创业在年轻人的心目中成为一件很"酷"的事情。高中生就有全国范围内的创业大会，火车公司会为那些参赛的小创业者提供免票服务。芬兰大学在 10 年前就开始设立创业课程，近年来更是将这门学分课程和更多的专业相融合。有的大学还设立了创业学院，对于那些满足条件的学生给予特殊待遇，他们可以一边创业一边完成大学课程。

芬兰的技术神童贝卡·海曼（Pekka Himanen）通过研究古希腊、佛罗伦萨、伦敦、硅谷等古今创新发源地，发现创新的三个要素：一是创新人才的聚集；二是有能够帮助他们成功的个人或机构；三是要有支持这些人才和中介机构的社会文化。为了深入了解芬兰的创新体系与实践，我还专门去拜访过阿尔托大学教授艾尔基·奥马拉（Erkki Ormala）。他曾经是诺基亚的副总裁，2013 年被任命为阿尔托大学古今创新管理实践专业的教授。他刚刚完成一个有关国家创新能力的调查问卷，涉及 11 个国家、400 个受访者，并在芬兰经济就业部的网站上发表了《确保芬兰 2020s 竞争力和经济增长》的研究报告。他在研究创新生态系统与实践中，提到几个有意思的观点。一是 90% 的创新都从创新生态系统中来；二是创新要素的排序为：知识流动占 46%，财务支持占 18%，服务占 15%，人员流动占 14%；三是企业创新不仅要有专设的实施部门，还要有创新管理工具，如公司设立基于多方参与的创新平台网站。以前的创新合作是某两个公司的，现在包括客户、公共研究、供应商、政策制定者、财务等多方面。

　　如今创新的理念已经融入到芬兰社会的各个层面，从机构到企业，从政府到民间，每年都会听到或看到一些新的调整和变化，而这一切都是本着不断完善、日趋合理的思路来推进的。

　　随着国际局势的变化，我们越来越意识到核心技术的重要性。仔细分析芬兰的一些百年企业，都是依赖自己的核心技术和持续创新的研发能力才发展到今天的。比如芬兰的瓦锡兰公司（Wartsila Oy），它以生产发电机和船用发动机而闻名于世。在全球海洋上航行的每三艘船舶中，就有一艘是由瓦锡兰提供动力设备的，每两艘船舶中，就有一艘是由瓦锡兰提供维修服务的。而当我去瓦锡兰位于瓦萨的工厂参观时，却看不到想象中的世界一流企业的景象：有100多年历史的厂房外观老旧，内部的生产空间也没有高端的感觉。工厂只生产一些发电机组的核心部件，其他部件及组装都委托给合作公司去做。但这些核心部件却是瓦锡兰积累100多年的核心技术。实践证明，真正维持企业生存的核心技术是换不来的，只有靠自己去研发。只有高度重视人才，持续大量投资在研发领域，公司才能不断推陈出新，掌握核心竞争力。此外，还要与世界一流的研究机构和大企业加强合作，提高自身的研发能力，并对相关领域作出贡献。

　　在合作交流中，我也发现中芬两国之间拥有不少共同点。寒冷、孤寂的自然环境，造就了芬兰人坚忍顽强的 Slush 精神，而这种精神与中国人吃苦耐劳、奋发图强的精神高度一致。不仅如此，芬兰文化中还有中国道家文化的顺其自然、坦然面对的淡泊精神。面对 2020 年的新冠肺炎疫情，芬兰人没有表现出太多的恐慌，反而是在保持社交距离的同时正常生活，坦然面对，芬兰也成为此次疫情中表现最好的北欧国家。根据多年在芬兰学习生活，特别是参与中芬创新合作的经验，我坚信，通过双方平等友好的合作交流、互学互鉴，中芬两国一定能够不断取得更多互利双赢的成果。

芬中交流　纸香传情

胡蓉晖 [芬欧汇川（中国）有限公司高级经理]

　　造纸术是中国古代四大发明的瑰宝之一，穿越千年发展之后，如今承载着芬欧汇川这家全球领先的森林工业企业与中国深厚的纸张情缘。芬欧汇川从 20 世纪 50 年代开始就和中国有着贸易往来，80 年代中国改革开放之后，芬欧汇川在 1998 年作出投资中国造纸业务、布局亚太发展的战略决策。

　　"把最好的纸献给发明她的人民"——这是芬欧汇川来华投资的初衷。时至今日，集团在江苏省常熟市一地的投资总额已经超过 20 亿美元，建有一座现代化大型纸厂以及亚洲研发机构，年生产能力接近 140 万吨，产品涵盖办公用纸、印刷用纸、标签材料和特种纸，客户遍布中国和亚太地区。

　　20 多年间，芬欧汇川不仅在商业上取得了很大的成功，并且时刻谨记纸张承载的传播和交流的使命，在促进芬中两国多层次、多维度的友好交往中付出了辛勤的努力，承担着经济、文化和教育交流使者的责任。

一、持续推动中芬合作，支持中国绿色经济发展

　　芬兰约有三分之二的国土面积被森林覆盖，造就了如造纸业等蓬勃发展的森林工业。芬兰每年需要砍伐数以万亩计的树木，而这不仅没

207

有减少林业资源，反而早早帮助芬兰人树立了保护环境的意识。

2010 年 3 月 27 日的清晨，芬兰罗瓦涅米白雪映衬下的森林中，一个矫健的身影坐进了芬欧汇川的森林采伐作业机驾驶室。只见他饶有兴致地查看操控台中通过卫星定位系统传输来的树木定位和各项信息，并不停地询问。他就是时任中国国家副主席（现任中国国家主席）习近平。这次由芬欧汇川展示的芬兰现代森林采伐作业给习近平副主席留下了深刻的印象。

2017 年 4 月初，中国国家主席习近平对芬兰进行国事访问并与芬兰工商界人士见面，当从芬欧汇川集团总裁兼首席执行官贝松宁（Jussi Pesonen）先生手中接过当年的照片时，习近平主席露出了会心的微笑。访问期间，中国商务部和芬兰经济就业部宣布成立中芬创新企业合作委员会，企委会下设森林工业工作组，由贝松宁先生出任主席，继续促进芬中森林工业间的创新合作。

在贝松宁先生心中，企业可持续发展固然重要，为企业发展赢得良好的业务环境，分享企业治理经验和行业先进理念同样至关重要。贝松宁先生自 2005 年起，连续三届被聘请为江苏省政府经济顾问，参与顾问咨询会议并就省政府关注的话题建言献策。贝松宁先生演讲的主题分别是"努力实现循环经济""跨国公司在中国的本土化""应对国际金融危机：江苏面临的挑战与展望"以及"加强科技创新，推进江苏经济转型升级"。得益于对江苏省建设事业的积极支持和在友好合作中所作出的突出贡献，2010 年 10 月 22 日，江苏省政府向贝松宁先生授予江苏省外国专家友谊奖。

2018 年首届中国国际进口博览会在上海盛大举行，吸引了大量国际顶尖企业参展。芬欧汇川十分珍惜这一"中国机遇"，第一时间就着手准备参展，并利用上海海关为进博会特别开放的绿色窗口快速办理展品通关申报手续，UPM Biofore 概念车也因此有幸成为首届进博会的

UPM Biofore 概念车是芬欧汇川给 2018 年首届中国国际进口博览会带来的第一件入境展品，很快成为进博会网红展品。

首件入境展品。此款概念车代表了森林工业最前沿的研发技术，以创新思维和未来主义进行设计，采用可再生生物材料和芬欧汇川研发的可再生生物柴油 UPM BioVerno。它向中国观众展示了集团在可续持发展方面的努力，以更少的资源创造出更大的价值，从而实现"森领未来，创想无限"的品牌承诺。

2018 年 11 月 8 日，芬欧汇川于中国国际进口博览会芬兰国家展台举办"芬欧汇川在华 20 周年庆典仪式"。芬中两国政府官员、集团合作伙伴和客户共同见证了这一重要时刻。贝松宁在庆典中说道："芬欧汇川是中国经济腾飞的见证者，对于我们而言，中国市场意味着巨大的发展潜力。今天，我可以自豪地说，中国市场在集团全球发展中占据越来越重要的战略地位。随着中国绿色发展战略的不断深入，芬欧汇川

2018 年 11 月 8 日，芬欧汇川在华 20 周年庆典在首届进博会芬兰国家展台举行，芬欧汇川集团总裁兼首席执行官贝松宁和芬兰外贸与发展部长维利莱宁、芬兰就业与经济部副部长古斯塔夫松、芬兰驻华大使肃海岚等中外嘉宾共庆集团在华发展成果。

将以创新的、负责任的解决方案支持可持续发展。"

作为全球领先的森林工业企业，芬欧汇川一直致力于促进自身的可持续发展理念在中国落地生根。截至目前，芬欧汇川常熟工厂已经完成 8000 万美元的环保投资，并在过去 10 年的生产运营中实现水耗减少 15%、废弃物填埋减少 80%、二氧化碳排放减少 25%、用电减少 15%。

2019 年 10 月 24 日，芬兰驻华大使肃海岚（Jarno Syrjälä）到访芬欧汇川常熟工厂，深入了解芬欧汇川在中国的经营情况和业务环境。肃海岚说，"芬欧汇川是芬兰引以为豪的旗舰型企业，芬兰政府全力支持这家企业的全球布局与发展。"芬欧汇川特种纸纸业亚太区高级副总裁柏特利（Petteri Kalela）表示，芬欧汇川一直致力于将自己的可持续森林管理理念和对环境保护的责任带到中国。集团承诺将通过更低能耗、更创新与升级的产品，推动行业水平提升，满足消费升级的市场需求，并始终以向中国消费者提供经可持续认证、高质量的森林工业解决方案为己任，打造一个超越化石能源的未来。

二、传承芬中纸张情缘，推动中西文化交流

2019 年 6 月，中芬合著《造纸及其装备科学技术丛书》（中文版）二十二卷全部出版。这套丛书的英文原版（第二版），共二十一卷，汇聚了芬欧汇川集团等全球领先的制浆造纸企业的先进技术，由芬兰各大学和研究机构编著。中文版在原书基础上进行了翻译和先进技术补充，对中国未来 10 年乃至 30 年的造纸行业技术发展都将具有指导意义。这套丛书也因此获批中国"十二五"和"十三五"国家重点出版物出版规划项目。芬欧汇川对丛书的翻译和出版给予了大力支持。中国轻工业联合会前会长步正发先生曾这样评价这套丛书，"这套丛书为造纸业呈现的不是单纯的产品，而是弥足珍贵的经验，她传承着业界厚重的积累，对纸界的未来是最丰厚的知识财富传承，将指导企业健康有序、规范发展。"

作曲大师西贝柳斯被誉为"芬兰民族之魂"。当他的作品由芬兰拉蒂交响乐团演绎，回荡在苏州文化艺术中心大剧院和无锡大剧院的舞台之上，江南水乡的听众们仿佛走进了童话中的冰雪世界，感受着音乐中传递出的北欧民族所特有的内敛、严肃和理性特质，遥想着江南文人与芬兰作曲家之间穿越时空的对话。

除此之外，从 2003 年开始，芬欧汇川还相继支持芬兰室内交响乐

2016 年 5 月，"你好，赫尔辛基"活动在北京西单文化广场举行。图为北京市副市长王宁、赫尔辛基市市长帕尤宁和芬兰驻华大使马寰雅等中外嘉宾在芬欧汇川"Biofore 茶馆"品茶。

团以及赫尔辛基爱乐乐团在华巡演，让芬兰古典音乐回荡在北京国家大剧院、上海音乐厅、广州星海音乐厅等音乐殿堂，让国内的广大乐迷能够享受到《芬兰颂》等著名乐章来自芬兰的完美演绎。

赫尔辛基艺术节在北欧享有盛誉，每年都会选择不同的主题。2015 年的主题是"焦点中国"。艺术节期间，在芬欧汇川的促成下，中国当代水墨画艺术家魏青吉先生的个人艺术展于 8 月至 11 月在芬欧汇川集团总部的 Bioforum 展厅隆重举办。他的作品成功地将创新融入传统水墨画，将文学精神和后现代艺术风格以及当代中国社会变迁融为一体。"我希望将我日常所见转化成我自己的思考，而且我必须坚持这种思考并将它表达出来"，魏青吉说道。

2016 年 5 月 13 日，"你好，赫尔辛基"系列文化活动在北京西单文化广场盛大开幕，一场来自芬兰首都赫尔辛基的艺术文化盛宴就此拉开序幕。"Biofore 茶馆——自心房"是此次活动的一大亮点。她是活动合作伙伴之一的芬欧汇川，以"森领未来"发展战略为指导，利用其创新型木基生物材料，结合拥有数千年历史的中国传统茶文化，在活动现场搭建的美观、和谐但又不失现代气息与实用性的中式茶馆。端坐在茶馆中，在品尝清茶的同时，领略可持续产品和现代设计的无限可能，这带给每一位到访者印象深刻的体验。

2019 年 5 月 29 日至 6 月 5 日，常熟理工学院的校园热闹非凡，师生们用极大的热情迎接着常理工与芬欧汇川校企合作的"芬兰，你好"文化周活动的到来。校园中有着"你所不知道的芬兰"主题宣传展板，芬兰文化主题演讲，可持续森林管理知识问答，以及融合了中国特色的芬兰音乐演出。常熟理工学院的江作军校长表示："文化周主题活动有助于提升全校的文化活动水准，有益于应用型人才的培养，使产教融合更加紧密。芬欧汇川在生物、森林产业中对卓越产品品质和创新的不懈追求，着实让我们每个人都大开眼界。这对于我们的学生也非常具有教育意义。"

多年来，芬欧汇川与常熟理工学院的校企合作硕果累累。已有超过30 名常熟理工学院的毕业生，在集团位于常熟的生产企业工作，他们当中的许多人已经在芬欧汇川这个大家庭里工作生活超过 10 年。

三、促进芬中多层次、多维度友好交往

"芬芳春蕾"小学坐落于四川省广汉市桂园村。干净整洁的校园中，树木环绕下的一块石碑格外引人注目。石碑上记录着 2008 年汶川地震之后，为这座学校的建设做出了捐赠的芬兰企业和个人，上面清晰地刻有芬欧汇川的名字。虽然随着城镇化进程的加速和乡村学校撤并校，"芬芳春蕾"小学只保留了低年级班级的教学，芬欧汇川并没有忘记这所学校和从这里走出去的学生。经过多番调研，芬欧汇川决定在附近接收"芬芳春蕾"小学学生的新华中心小学，捐建"芬欧汇川桂馨小科学家实验室"并组织公司志愿者开展年度志愿教学。

从 2014 年开始，每到新学年开始，新华中心小学的师生们最开心的事情就是迎接芬欧汇川志愿者的到来。学生们兴致勃勃地动手造一张纸，体会活字印刷，做一个标签，了解化学和动力学原理并亲手做实验。新华中心小学的一位学生曾亲口说道："'亲身下河知深浅，亲口尝梨知酸甜'这则谚语告诉我们，学习要理论与实践结合才能更牢固。以前我们只能通过理论学习去感受科学，如今我们直接走进了漂亮的小科学家实验室，进行了科技制作，进行了有趣的科学实验，这里成了我们梦想起航的地方。"

孩子是世界的未来，绿色环保是我们的希望。芬欧汇川"关爱绿色未来"项目是集团于 2010 年启动，与常熟市教育局、生态环境局，以及常熟经济技术开发区安环局共同合作的校企互动项目，旨在为在校学生提供以集团环境保护实践为基础的定制教学案例，通过动手实践，唤起共

芬欧汇川组织志愿者参与"关爱绿色未来"项目，在授课中指导学生"亲手造一张纸"。

同的责任感并鼓励学生们从小树立起可持续发展观和保护环境的好习惯。我们希望以此和中国的青少年分享我们源自芬兰的环境专业知识。绿色未来是芬欧汇川可持续发展的长远目标，"关爱绿色未来"计划展示了芬欧汇川和其志愿者怎样以实际行动，为实现这一目标作出自己的贡献。

自项目启动 10 年来，绿色教鞭在 300 位新老芬欧汇川志愿者手中接力，活跃在常熟、上海和江西三地共计 63 所学校。这份坚持与付出让绿色环保的种子在一届届学生心中生根发芽。这项活动不仅受到学生、老师和家长的欢迎，也获得了常熟市政府的认可和常熟当地媒体的关注。

2020 年，全球各地被新冠肺炎疫情的阴霾笼罩，寒冬之下芬欧汇川也希望能通过自身资源为抗击疫情贡献一份力量。中国疫情暴发初期，了解到国内口罩资源紧缺，芬欧汇川赫尔辛基总部从欧洲采购工厂调拨，将共计 1.5 万只医用口罩赠予常熟市政府和常熟海关，支持当地的疫情防控工作。今年春节假期正值武汉"封城"，全国确诊病例不断攀升，芬欧汇川常熟工厂保持高效生产，以确保武汉抗疫物资之一的盐酸莫西沙星药品包装中的说明书印刷用纸供应。当疫情防控逐渐成为生活新常态，芬欧汇川灵活应变，保证产品供应稳定如一的同时，全体员工也保持了良好的安全与健康，因而获得了当地政府的积极评价："芬欧川汇管控意识超前，措施得当，堪称教科书。"

这里的一个个小故事，不仅仅讲述了芬欧汇川为增进芬中两国交流和两国人民友谊所付出的努力，更加体现了芬欧汇川这家造纸企业的责任和担当。纸张从诞生伊始就肩负着传承文明和传播文化的使命，轻薄的纸张所承载的内容是厚重的。芬欧汇川将在未来更长的岁月中，继续发挥自身影响力，为芬中两国交流更加多元化、深入更多领域付出自己的绵薄之力。

尊重、平等和信任

——对于北京信和洁能公司与芬兰雅威科技公司成功合作的体会

闫献军（芬兰雅威科技公司总经理）

芬兰雅威科技有限公司（AAVI TECHNOLOGIES OY, 以下简称"雅威公司"）是由芬兰著名发明家 Veikko Ilmasti 先生于 1983 年在赫尔辛基创立的，共拥有发明专利 100 多项，曾获得芬兰总统颁发的"芬兰最具创新性公司"（wize of stone）奖项，以及芬兰企业家大十字勋章。北京信和洁能新能源技术服务有限公司（以下简称"北京信和洁能"）原来是做合同能源管理项目的，其间有一个很好的契机与芬兰雅威公司进行了接触。在交流中，了解到雅威公司拥有的离子瀑和水雾瀑专利技术是目前全球最顶尖的空气净化技术，具有纳米级净化、99% 的持续净化效率、无滤网、自清洁等特点，既可用于空间净化，也可用于工业减排。当北京信和洁能获悉雅威公司正在全球寻找合作伙伴的信息后，马上介入了收购谈判，并在与来自沙特、德国、意大利等国公司的竞争中胜出，于 2013 年 8 月成功收购了雅威公司 85% 的股权。公司确定在芬兰设立研发中心，并建立生产线。

作为第一家收购芬兰实体企业的中国公司，北京信和洁能得到了中芬两国政府的大力支持。2015 年 6 月，时任中国国务院副总理刘延东曾到访雅威公司。2016 年 9 月，时任中国全国人大常委会委员长张德江在芬兰议长洛赫拉的陪同下参观了雅威公司。2017 年 4 月，习近

2015 年 6 月，国务院副总理刘延东（中）
访问芬兰时视察雅威公司。

平主席对芬兰进行国事访问期间，北京信和洁能被新华社点评为"中芬新型合作关系的典范"。

2016 年 11 月，中国驻芬兰大使陈立、赫尔辛基市市长帕尤宁、新地省区域委员会主席萨沃莱依宁等出席了芬兰雅威公司新生产线投产和 AAVI LEAF 空气净化器新产品发布会。帕尤宁市长在评价雅威公司时说，"雅威公司在很多方面代表着未来的成功模式：芬兰的知识专长与国际商务相结合，而核心纽带正是环境科技中的清洁技术。"萨沃莱依宁主席评价说，"雅威公司是一个极好的案例，它显示了区域性国际合作可以带来新的工作机会和国际贸易。它也是芬兰的发明创造和新兴科技在中国投资帮助下实现商业转化的成功案例。"

2020 年初新冠肺炎疫情暴发后，因该产品具有独特的杀菌消毒特性，在武汉光谷日海方舱医院、武汉雷神山医院、武汉金银潭医院、北

2016 年 9 月，全国人大常委会委员长张德江（前排左三）访问芬兰时视察雅威公司。

京小汤山医院等医院，离子瀑杀毒净化产品在杀灭气溶胶传播病毒、防止交叉感染等方面发挥了巨大作用。公司已入选国家发改委、工信部"全国疫情防控重点保障企业"名单、国家工信部"保供湖北消毒机重点企业"名单、北京市发改委"全国防疫物资重点企业"名单、北京市经信局"重点出口防疫产品企业"名单。

根据我们的亲身体会，投资芬兰有以下几点优势：

政治环境优势。芬兰是第一批与中华人民共和国建交的西方国家之一，建交 70 年来，两国关系一直很好。我们对雅威公司的收购，一直得到芬兰政府和中国有关方面的大力支持。我们还在技术研发方面得到了芬兰技术创新局的政策支持。

创新技术优势。芬兰已多年在全球创新能力排名榜上名列前茅，拥有不少全球顶级创新技术。

人才队伍优势。芬兰的教育水平在全球数一数二，既培养出全球顶级的技术研发人员，还培育了具有工匠精神的技工队伍。比如我们的技术总监 Pekka Rantanen 博士，就曾任芬兰国家技术研究中心（VTT）的高级科学家。

企业管理优势。在芬兰企业管理中，既有成熟的 ERP、PLM 等现代化管理软件，又有员工认真负责的工作态度和从小就具备的强大自我管理能力。比如在管理上就可以省略检验、库管等工序。

作为芬兰雅威公司的总经理，我几乎时时刻刻都在感受着两种文化的交流，一方面要学习和适应芬兰的文化并传递给中国的同事，另一方面又有责任去宣传和解读中国文化给芬兰员工。两种文化的交融成就了雅威公司的快速发展。

下面我通过几个例子，谈谈对雅威公司成长的体会。

尊重。我们通常说入乡随俗是对主人的尊重。我们的经验是，对主人最重要的尊重，就是讲他的母语，我们切身体会到了它的作用。当我们把公司的工作语言定位为芬兰语时，员工才真正把雅威公司当成了自己的公司。从技术角度来说，只有用自己的母语交流，才能更准确地表达出你想说的意思。

平等信任。这是我们人力资源主管第一天告诉我必须遵循的原则，这 4 个字的内涵是我在工作中逐步理解的。平等，就是对所有员工要一视同仁，也包括我自己。信任二字，彻底转变了我对企业管理的理解。记得最初量产时，按照我的惯性思维，要求每台产品都要做出厂前性能测试。车间主任告诉我说，我们每台产品制造时都和测试样机一样，不需要再逐台做测试了。公司岗位设置中，车间没有专职检验员，也没有库管员，这两个是国内企业认为必不可少的岗位。而且车间也没有专门的库房，零部件放置在货架上，工人根据生产计划自己去取。这些做法都源于员工的自我管理，而自我管理的基础又是彼此的信任。员工认为，做好自己的工作是自己的本分。工作的目的就是做出高质量的产品呈现给客户，不需要别人的检查和监督。公司里的每个人都在按照自己的职责管理自己的行为。作为总经理，我首先要改变的观念就是要管理好自己，要信任自己的员工。现在我的主要工作已从原来的细微的管理中走出来，精力更多地放在了企业的经营上，放在了明确目标、决策和资源的配置，以及解决和协调中国的市场需求和芬兰研发进度的矛盾上了。所以企业最好的管理是自我管理，实现自我管理的前提是信任。

我原来在研究院工作，与技术研发打交道有 28 年。来到芬兰后，我切身感受到中芬技术人员的最大不同在于动手能力。在芬兰，不管是科学家还是实习生，动手能力都非常强。比如我们的技术总监，他在构思一个设计方案时，总是先要亲自做一个模型进行测试。车间装配工人在生产、装配中，会根据实际情况，亲手制造各种生产工装。每一个环节都是脚踏实地地亲手去做，保证了交付到用户手里的产品是高质量的。所以，高素质的人才是雅威能够快速成长的根本所在。这也是芬兰技术创新能力位居世界首位的原因之一。

当然，支持公司发展的动力是巨大的中国和世界市场。在公司运营过程中，我们发现芬兰员工一个比较突出的问题是市场意识不强，他们的观念是"好酒不怕巷子深"。所以我们现在的一个主要任务，是用中国的市场观念去影响芬兰员工，比如从最简单的"时间就是金钱"概念的宣传开始。现在我们公司的员工已经和中国的员工一样，只要市场需要，一样可以加班，一样可以调换假期。中芬双方人员的理念相互融合，达到逐步的统一，这成了雅威公司强大的发展动力。

我们相信，有中国市场和芬兰技术的无缝结合，雅威公司必将成为空气净化领域的领先者。

后 记

　　《中国和芬兰的故事》系外交笔会与五洲传播出版社联合编辑出版的"我们和你们"丛书系列（中、外文版）分册。该丛书自 2014 年以来已先后出版了约 30 个分册。感谢外交笔会和五洲传播出版社在中芬两国建交 70 周年之际，将《中国和芬兰的故事》（中、芬文版）列入"我们和你们"丛书系列。以书籍的形式，由两国人士共同撰稿，记录下中芬关系 70 年的历程，这无疑是中芬关系中的一件幸事。

　　我于 1973 年赴芬兰留学，2006 年至 2009 年任驻芬兰大使。从学生到特命全权大使，我先后在芬兰学习、工作了 20 个年头。芬兰是我外交事业的起点，我的外交生涯中很大一部分时间也都是在芬兰度过的。可以说，我与芬兰结下了不解之缘。作为近 40 多年中芬关系的见证者和参与者，我对主编《中国和芬兰的故事》有着一种责无旁贷的使命感。

　　此书由中芬两国现任大使——陈立大使和肃海岚大使作序，汇集了两国 25 位作者的文章，从历史、政治、经济、文化、民间往来等不同视角，力图全维度展示中芬关系 70 年不同凡响的历程。

　　令人欣喜的是，作者层次高、代表性广。他们中有外交部前副部长乔宗淮等 5 位资深大使，一位芬方现任副部长，有前赫尔辛基市市长、前议员、前外交官和企业老总，以及文化、教育、新闻、社会团体等各界人士。这从一个侧面反映出中芬关系具有广泛的社会基础和感召力。特别是在今年新冠肺炎疫情肆虐的情况下，出版此书能够得到各方大力的支持和响应，书稿得以在比较短的时间内成型，实属难能可贵。

我们常说，中国与芬兰是不同历史文化背景、大国和小国和平相处的典范。这不是外交辞令，而是两国关系的真实写照，并为70年的历程所充分印证。无论是在风平浪静的顺境中，还是在云波诡谲的国际环境下，无论双方各自国内形势和对外关系发生何种调整变化，两国都能够友好相处，两国关系始终保持了平稳健康、持续向前发展的势头。如果为中芬关系划一条曲线，那·定是平稳的，即使有波动，也是向上浮动。本书各篇用一个个生动具体的实例，诠释了这一现象背后的"密码"和"秘笈"：在双方领导人政治智慧引领下，两国始终如一地相互尊重，平等相待，互利合作，实现共赢。

国之交在于民相亲，民相亲在于心相通。中芬两国人与人之间交往的故事令人动容。大抵是由于具有相似的历史境遇，共有的坚韧不拔、百折不挠的民族特性，以及脚踏实地、不懈追求卓越的品格，中国人与芬兰人之间的"化学反应"使得双方容易一拍即合。他们可以超越国界和不同的职业及文化背景，成为真正的朋友和"忘年交"。

作为外交人员，我在任内与芬兰官方、企业、民间打交道中，一个突出的感受是，彼此容易沟通，经常理性换位思考，相互理解。有利于两国关系的好事，双方齐心协力地去成就；遇到难事、麻烦事，商量着办，尽可能照顾各自的关切；出现误解、分歧，坦诚地面对面交流，在不同理念的碰撞中增进了解。

我以为，在当今百年未有之大变局中，各国更加需要在相互尊重各自利益和重大关切的基础上，加强沟通交流，增进了解，减少偏见和误解误判。相信通过《中国和芬兰的故事》一书，回顾中芬关系70年的历史，总结成功的经验，有利于中芬两国关系在未来的征程中更加行稳致远。同时在更广泛的层面上，也有着现实意义。

最后，我要衷心感谢各位作者，感谢外交部欧洲司北欧处的同事们和中国驻芬兰大使馆，以及芬兰驻中国大使馆和北京外国语大学李颖副教授领衔的翻译团队。尤其要感谢本书的副主编、中国前驻芬兰使馆政务参赞倪晓京在书稿的征集、与撰稿人的联络协调以及文字把关等方面的辛勤付出和贡献。在此一并致谢。

马克卿

2020 年 10 月于北京